Die flämische Autorin Loekie Zvonik erforscht in diesem literarisch anspielungsreichen autobiografischen Roman ihre enge Beziehung zu dem Autor Dirk de Witte, den sie im Roman Didier nennt. Beide lernen sich während ihres Germanistik-Studiums kennen, fühlen sich zueinander hingezogen, begeistern sich für Kafka, Rilke und Hesses *Steppenwolf*. Es entwickelt sich eine intensive literarische Verbundenheit und Freundschaft, die bei Didier stark vom Thema Fremdsein und Freitod geprägt ist. Bis zuletzt versucht die Freundin, Didier von seinen düsteren Gedanken abzubringen. *Lehre mich zu leben* ist eine zarte, tabulose Rekonstruktion eines angekündigten Todes. Ohne jede moralische oder persönliche Anklage umkreist Loekie Zvonik die Beweggründe für den frühen Tod des Freundes.

LOEKIE ZVONIK (Gent, 1935–Hasselt, 2000) war das Pseudonym von Hermine Louise Marie Zvonicek. Sie studierte deutsche Literatur an der Universität von Gent und schrieb drei Romane und zahlreiche Erzählungen. An der Universität lernte sie den Studenten Dirk de Witte kennen, der später ebenfalls Schriftsteller wurde und sich sein Leben lang intensiv mit den Themen Tod und Suizid in der Literatur beschäftigte. Im Dezember 1970 nahm er sich mit 36 Jahren das Leben. Zvoniks Roman wurde 1975, fünf Jahre nach dem Freitod de Wittes, veröffentlicht. Hochgelobt und mit dem renommierten VBVB-Debütpreis ausgezeichnet, wurde er 2018 in den Niederlanden neu aufgelegt und als bedeutende literarische Wiederentdeckung gefeiert.

Loekie Zvonik

Lehre mich
zu leben

Die Geschichte
einer großen Liebe

Aus dem Flämischen
von Ruth Löbner

btb

Die flämische Originalausgabe erschien 1975
unter dem Titel *Hoe heette de hoedenmaker?*,
eine Neuausgabe erschien 2018 bei Cossee, Amsterdam

Die Übersetzerin dankt dem Deutschen Übersetzerfonds für die
Zuerkennung eines Arbeitsstipendiums, dem Expertiesecentrum Literair
Vertalen, das die Arbeit an diesem Projekt durch ein Mentorat gefördert
hat, sowie ihrer Mentorin Bettina Bach. Und ganz besonders W.

This book was published with the support of Flanders Literature
(www.flandersliterature.be).

Penguin Random House Verlagsgruppe FSC® N001967

1. Auflage
Deutsche Erstausgabe März 2024
Copyright der Originalausgabe © 1975 und 2018 Loekie Zvonik
und Cossee Publishers, Amsterdam
Copyright © der deutschsprachigen Ausgabe 2024
in der Penguin Random House Verlagsgruppe GmbH,
Neumarkter Str. 28, 81673 München
Copyright © des Nachworts: Wout Vlaeminck 2018.
Umschlaggestaltung: semper smile, München
Umschlagmotiv: *Hena Rigotti*, 1924 (oil on canvas), Felice Casorati
(1886–1963), Galleria Civica d'Arte Moderna di Torino, Bridgeman Images
Satz: Uhl + Massopust, Aalen
Druck und Einband: GGP Media GmbH, Pößneck
MA · Herstellung: sc
Printed in Germany
ISBN 978-3-442-77389-3

www.btb-verlag.de
www.facebook.com/penguinbuecher

Für X und Y
und den wunderlichen Hannes

1

Ihr Gesicht glich dem meines Freundes.
Heißt du Hermine?
Frei nach Hermann Hesse, *Der Steppenwolf*

Schon seit Jahren war ausgemacht, dass ich bei Großtante Louise wohnen würde. Ich zog in ihr Gästezimmer
unterm Dach. Das Bett war voll mit bestickten Kissen,
davor standen auf einem Strickteppich ein runder Tisch
und ein Korbstuhl.

Dein Arbeitsplatz, sagte sie.

In der Mitte des Tisches hatte sie Bücher zurechtgelegt,
Lamartine und Stendhal, das Schönste, was sie je kennen-
gelernt habe.

Sie führte mich zur Wand gegenüber dem Fenster.

Dort hing in silbern gerahmten Fotografien ihr Leben.
Louise mit tüll-, spitzen- und vogelbesetzten Hüten; in
Wien, mit einem Fernglas vor den Augen; in einem Stra-
ßencafé in Spa; bei einem Spaziergang durch die Allee
eines böhmischen Kurorts; in Salzburg, eine geblümte
Teetasse in der Hand.

Ich habe das Ende des neunzehnten Jahrhunderts erlebt, sagte sie, und bin Menschen begegnet, von denen du noch hören wirst. Ich habe dir viel zu erzählen. Aber jetzt helfe ich dir erst mal beim Auspacken, im Kleiderschrank sind schon Lavendelsäckchen.

An der Haustür legte sie mir die Hand auf die Schulter und sagte: Ich habe immer versucht, mich nicht aus dem Gleichgewicht bringen zu lassen. Damit ist man gut beraten. So wappnest du dich gegen die anderen, die manchmal sehr anders sind als du selbst. Weißt du denn, wie du zur Universität findest?

Ich musste einfach nur den anderen folgen. Sie waren, wie ich, ihre Koffer losgeworden und nun an den Schreibblöcken oder den fast leeren Aktentaschen zu erkennen, die sie im Rhythmus ihrer Schritte an den Fingerspitzen hin und her baumeln ließen.

Ich hoffte, sie würden in die richtige Richtung gehen. Aber auf die Selbstsicheren unter ihnen durfte man sich nicht verlassen. Auf halbem Weg wurden sie von Gleichgesinnten lautstark in irgendeine Wirtschaft gelotst und waren für immer oder doch für sehr lange verschwunden.

Und wir, die Erstsemester, blieben dann stehen, sahen uns um, mussten an früher denken und überlegten, ob wir jemanden nach dem Weg fragen sollten.

Jaja, sagten die Bauarbeiter bei der Oper, hier um die

Ecke, dann links, dann rechts, und dann das lange Gebäude.

Auf der Suche nach unseren Seminarräumen kamen wir durch Eingangsportale mit Abfalleimern, durch Innenhöfe mit Herbstrosen und schließlich durch weiße Gänge mit Ankündigungen hinter Glas und begegneten manchmal jemandem von früher, von letztem Jahr, aus der Oberstufe, und fragten nach dem Weg; aber dieser Jemand von früher studierte etwas anderes und musste zu einer anderen Fakultät in einem anderen Gebäude, und wir drehten uns noch einmal um, winkten, mit dem Versprechen, uns mal zu verabreden, rannten ausgetretene Stufen hinauf, lächelten verlegen, wenn jemand uns auswich oder etwas sagte oder zeigte, und dann waren wir tatsächlich da.

DEUTSCH stand auf dem Schild an der alten, braunen Tür, sie stand halb offen, dahinter ein weißer Seminarraum mit hohen Fenstern, langen Reihen schmaler Tische und vielen Stühlen.

Ich drehte mich um, weil ich sehen wollte, wer den ganzen Weg mit mir mitgerannt war. Er keuchte, als wäre er bereits viel länger auf der Suche als ich.

Hat der Professor schon angefangen? Oder können wir noch rein?, flüsterte er atemlos, und wir wagten einen vorsichtigen Blick ins Innere, willkommen, willkommen, rief jemand, und aus dem Gewimmel unserer zukünftigen Kommilitonen sahen wir das leere Katheder aufragen.

Wir mussten über Beine und Stühle steigen, bis wir

endlich einen Sitzplatz gefunden hatten, einander genau gegenüber, wir sahen uns um und an die Decke, sahen die Kugellampen, die Bücherregale an den Wänden, die Ankündigung an der Tafel, dass der Professor eine halbe Stunde später eintreffen werde, und dann gaben wir das Umhersehen schließlich auf, legten Stifte und Schreibblock bereit und hörten uns die Lieder an, die jetzt angestimmt wurden, über wilde deutsche Husaren und ihre feurige Liebe, *sogar* im strengen Winter, sahen uns an und rätselten, wer der andere wohl war.

Wie heißt du?

Didier. Und du?

Hermine.

Es hämmerte an der Tür. Ein Mann im Arbeitskittel kam herein, sein Auftritt wurde mit tosendem Jubel quittiert; beschwichtigend breitete er die Arme aus.

Der Professor, verkündete er und trat ehrfürchtig einen Schritt zurück.

Und da spazierte eine kleine, zierliche Gestalt in den Raum, bahnte sich einen Weg nach vorn, blieb hier und da stehen und musterte mit ironischem Blick ein verwirrt aussehendes Etwas.

Der Professor stieg die Stufen zum Katheder hoch, legte seine Tasche an den Rand des Lesepults, stützte den Ellenbogen auf, das Kinn in die Handfläche, und guckte, bekam Rauch in die Augen, hustete, dass es ihn von Kopf bis Fuß schüttelte, legte die Zigarette dann doch lieber weg und sprach Worte, die ich nicht verstand.

Wir sollen was vorbereiten, flüsterte Didier mir zu, einen kleinen Vortrag über einen Autor oder einen Text, den wir gelesen haben.

Der, die, das, dachte ich, und *Wer reitet so spät durch Nacht und Wind? Es ist der Vater mit seinem Kind.* Goethe, über einen Vater, der in der Nacht mit seinem todkranken Kind zum Arzt hetzt. Es ist nebelig. Die alten grauen Kopfweiden sehen aus wie Hexen oder Geister. Das Kind hat Angst. Vater, Vater, da ist der Erlkönig. Nein, nein, mein Kind. *Es ist ein Nebelstreif.*

Oder *Die Weise von Liebe und Tod des jungen Kornetts,* Rilke, darüber hatte ich vor drei Monaten meine Abiturprüfung gemacht. Und die Lehrerin, die danach gesagt hatte: Du willst in Gent studieren? Wie schön! Da wird es dir bestimmt gefallen.

Es war einmal ein junger, edler Held. Er trug die Fahne seines Regiments. Eines Abends machte die Kompanie bei einem fremden Schloss Halt. Dort wohnte eine einsame Gräfin. Der Held gewann sie augenblicklich lieb und verbrachte die Nacht mit ihr. *Sie werden sich hundert neue Namen geben und einander alle wieder abnehmen, leise, wie man einen Ohrring abnimmt.*

Doch dann bricht Feuer aus im Schloss.

Der junge Held rettet die Regimentsfahne aus den Flammen.

Der Morgen dämmert schon.

Da ist der Feind. Seine Säbel sind wie Springbrunnen in einem Rosengarten. Sechzehn Säbel durchbohren den jungen Helden. Für ihn gibt es keine Rettung mehr, denn Liebe und Tod sind eins.

Hoffentlich würde der Professor nicht fragen, was mit der Frau in dem brennenden Schloss passiert war. Hatte der Held sie in den Flammen zurückgelassen? Ich wusste es nicht mehr.

Aber vorläufig brauchte ich es auch nicht zu wissen, denn der Professor ging nach dem Alphabet vor, und selbst bei dieser Methode nahm er längst nicht jeden dran.

Bei W kam Didier an die Reihe.

In einem sehr schönen, langen Hauptsatz sagte er etwas mit *Kunscht* und schwieg dann abrupt, sah mich an und grinste.

Kunst, flüsterte ich, nicht Kunscht.

Kunst, wiederholte er, dann noch mal den Hauptsatz, und dann etwas über Liebe, worauf alle in schallendes Gelächter ausbrachen, nur an mir ging die Pointe vorbei.

Und dann, als wollte er sich für seinen missglückten Auftritt entschuldigen, stand er auf. Erst mal verhedderte er sich ziemlich in den Stuhlbeinen, hing dann am Ende halb über dem Tisch und war in Wirklichkeit bestimmt noch größer, als er so schon wirkte. Vorhin auf der Treppe hatte ich nicht darauf geachtet, wie er aussah. Seine Haare

und die Augen waren sehr dunkel, und in seinem Kinngrübchen hätte meine Daumenkuppe Platz gehabt.

Ich hoffte, er würde endlich wegsehen, damit sein per-
manent auf mich gerichteter Blick den Professor nicht
verfrüht dazu inspirierte, mich meine Geschichte erzählen zu lassen.

Geburtsdatum?, fragte der Professor. Von welcher
Schule? Wohnort?

Sint-Amands, an der Schelde, sagte Didier.

Sehr gut, sagte der Professor und neigte den Kopf wie
zur Segnung, als wäre jemand, der in Sint-Amands an der
Schelde wohnte, prädestiniert für Segnungen, sehr gut,
und dann fragte er in die Runde, wer denn im Schelde-
wasser bei Sint-Amands begraben liege.

Eine scheue Bewegung ging durch den Saal, wir versuchten, in der Anonymität unterzutauchen, uns hinter
die unbekümmert weiteratmenden Studenten aus dem
zweiten Jahr zu ducken, die mit den Lippen Worte form-
ten. Emiel, Emiel.

Durch die hohen Fenster floss ein wenig Oktobersonne
herein, über die zerkratzten Tische, die Kleider, die Gesichter, über die Blätter voller deutscher Wörter, voller
Namen, voller Streichungen, über die Schriftsteller in den
Regalen an den Wänden.

Also?, fragte der Professor und dachte vielleicht an
unsere Kindheit in den Dörfern und Städten, in denen
wir aufgewachsen waren, daran, wie wir in dieser für die
meisten von uns neuen, fremden Stadt herumliefen, wie

wir in ihr unsere Zimmer bezogen und den Weg zu ihren Versuchungen fanden.

Emile Verhaeren, sagte Didier.

Und was steht auf seinem Grabstein?

Ceux qui vivent d'amour, sagte Didier, dann wusste er nicht weiter.

Vivent d'éternité, sagte der Professor, und Didier nickte, jetzt sei es ihm wieder eingefallen und er werde es bestimmt nicht mehr vergessen.

Und das, wo doch Tauben um den Kirchturm in Sint-Amands an der Schelde flattern und die Häuser am Kai durch Hämmern und Motorenlärm hindurch das Wasser rauschen hören. Die Äpfel, die Birnen, die Wrackstücke im Wasser, die Taue, die Leinen, sie schwappen gegen Verhaeren. Und das, wo doch die Ufer von Mariakerke und Moerzeke in Sonne und Nebel versinken, und die niedrigen kleinen Häuser der Seitenstraßen feucht glänzen, und die hohen Bauten der kantigen Hauptstraße das Wasser nur in den Kellern zu Gesicht bekommen.

Ich war an der Reihe.

Didier malte konzentrische Kreise und Pfeile auf seinen Notizblock. Vielleicht dachte er an zu Hause oder an mich und würde heute Abend in einem Brief – falls er denn einen schrieb – berichten: Bei Z kam Hermine an die Reihe, und nachdem sie die poetische Geschichte vom Fähnrich Christoph Rilke erzählt hatte, wurde ihr die unvermeidliche Frage gestellt, wie sie zu ihrem aus-

ländischen Familiennamen kam. Und als sich herausstellte, dass sie zwar an der Schelde geboren war, aber
eigentlich aus Prag stammte, wo so große Schriftsteller
wie Rilke, Kafka, Werfel und Kisch gelebt hatten, und als
sich außerdem herausstellte, dass sie von diesen Herrschaften genauso wenig Ahnung hatte wie ich von deutscher Phonetik, da sah ich kommen, dass dieser kleine
Zufall uns mit dem Professor verbinden würde.

Warum kein slawischer Vorname?

Meine böhmische Großmutter hieß Hermine. Mein
Vater hätte mich gerne Slavka genannt, nach seinem eigenen Vornamen Bohuslav. Aber meine belgische Mutter
war dagegen: Das können wir nicht machen. Dann wird
sie in Flandern für alle nur *het slaafje* sein, das Sklavenkind.

Soso, sagte der Professor und sprach eloquent und
schnell, benutzte Begriffe wie österreichische Hegemo-
nie und Sklavenvolk, aber mein Deutsch reichte dafür
noch nicht. Ich spürte, wie ich knallrot anlief, und war
froh, als ich mich wieder setzen durfte.

2

*Sie werden sich hundert neue Namen geben und
einander alle wieder abnehmen.*
R. M. Rilke, *Die Weise von Liebe und Tod
des Cornets Christoph Rilke*

Ich bin naiv, dachte ich. Vieles, womit die anderen offensichtlich etwas anfangen konnten, ging an mir vorbei.

Sie rannten in Bibliotheken und Buchläden und kamen mit Bündeln unter dem Arm und einem Funkeln in den Augen wieder heraus, dem Funkeln der Eingeweihten, die sich eine Welt erschaffen hatten, in der es mehr gab als nur Sonne, Regen, Universität, Vorlesungen, Fahrten nach Hause, Fahrten nach Gent, Geld, essen, schlafen, lernen.

Sie besaßen geheimnisvolle Weisheiten, zu denen ich keinen Zugang hatte, diskutierten in den Kneipen über Themen, von denen ich keine Ahnung hatte. Bis ich sie durchdrungen hätte, wären sie schon nicht mehr aktuell und relevant. Sie eiferten Menschen nach, von denen ich noch nie gehört hatte, die ich vielleicht später mal für mich entdecken, aber als überholt und wertlos würde abschreiben müssen. Sie träumten von Abenteuern, die mich noch nicht lockten, deren Dimensionen ich mehr schlecht als recht an ihrer Gestik ablesen konnte, und die ich selbst erst erleben würde, wenn sie davon längst genug hätten.

Aber trotz allem wollte ich bei ihnen sein, auch wenn meine Reaktionen zeitversetzt kamen, und sie waren nett zu mir, vielleicht, weil sie dachten, meine Welt, hinter meiner stillen Fassade, sei genauso mysteriös und genauso reich an erschütternden Erfahrungen wie ihre Welt.

In Wahrheit hatte ich noch nicht viel erlebt. Das sollte alles erst kommen. Ich hatte noch nie wirklich geliebt, und ich hatte noch niemanden sterben sehen.

Und so lief ich ihnen hinterher, durch die Straßen von Gent, auf der Suche nach den Häusern, in denen sie wohnten, und klingelte an dunkel getäfelten Türen, hinter deren Glasscheiben dann Gesichter auftauchten, und hörte mir die finsteren Geschichten der Zimmerwirtinnen an und stieg lange Treppen zu den Dachgeschossen hinauf, wo kein Licht brannte und ich in den Fluren den Schalter nicht finden konnte, sodass ich am Ende rufen musste, um ganz sicher zu sein: Didier, Didier, wo bist du? Es ist so dunkel. Ich kann dein Zimmer nicht finden.

Bis schließlich im zögerlichen Schein einer kargen Lampe eine Tür aufging, und er sagte: Hermine? Bist du's? Komm rein.

Und ich einen fremden Raum betrat mit einem Tisch

und vier Stühlen und einem Ungetüm von Kleiderschrank in der Mitte und dahinter dem großen Bett in
einer Art grauem Alkoven. Stapelweise Bücher lagen auf
den Dielen. Über dem Bett schien ein Nebel zu hängen,
bis auf ein paar dunkle Balken war die Decke nicht zu erkennen. Und ich hörte zu, wie Didier und sein Freund
Marc sich über rettungslos verlorene Dichter unterhielten
und früh verstorbene Bildhauer, geisteskranke Maler wie
van Gogh und alte Glücksspiele wie Russisch Roulette.

Bis einer der beiden aufstand, sich den Dufflecoat an-
zog und fühlte, ob Nietzsche oder Schopenhauer noch
in der Manteltasche steckte, und aufbrach, entweder,
um Kohlen für den Ofen zu kaufen oder eine Flasche
Wein fürs Abendessen oder Wurst und Brot, oder um
zur Arbeit zu gehen, im Studiersaal irgendeines Jungen-
internats.

Und der andere, ich weiß nicht mehr, wer, mir eine
Geschichte vorlas über einen kleinen Jungen, der sich in
einem Baum versteckt hatte und von einem Holzfäller
mitsamt dem Baum in der Mitte durchgehackt wurde;
und der auf dem grauen Bett in dieser Art dunklem Alkoven mein Haar streichelte und mit glänzenden Augen
sagte: Was wird wohl in zehn oder zwölf Jahren aus uns
geworden sein?

Und der ansonsten nur lächelte.

Ziemlich sicher war es Didier.

Und dann, in deren Plüschwohnzimmer, zwischen
Möbeln aus der Jahrhundertwende, wieder auf die Zim-

merwirtin treffen und das alte Haus murmeln hören, und im Licht der Straßenlaternen die Eisschollen auf dem Wasser der Leie betrachten, oder ist es die Schelde, die am Haus der Wirtin vorbeifließt, oder einer der vielen unentwirrbaren Kanäle von Gent? Und dem Eisgang lauschen, dem Knarzen, dem Platschen, oder den Stricknadeln der Wirtin, die sagt: Sie sollten weniger arbeiten, die zwei Jungs. Studieren und Geld verdienen, das ist zu viel. Das bringt einen nur auf düstere Gedanken. Man müsste mit ihnen spazieren gehen oder einen Ausflug nach 't Heilig Huizeke machen.

Was ist 't Heilig Huizeke?

Ein Lokal mit Biergarten, draußen vor der Stadt. Ob es die Straßenbahn dorthin noch gibt? Ach, es ist ja Winter. Aber jetzt im Februar werden die Tage schon wieder länger. Und wo in Gent wohnen Sie, junges Fräulein?

Bei meiner Großtante. Auch in so einem alten Haus. Ich kann da gut lernen, weil es so schön ruhig ist. Im Moment befasse ich mich mit Georg Heym, bei Professor Herman nehmen wir nämlich die deutschen Expressionisten durch. Wir lesen Gedichte über Geisteskranke, die in der Anstalt wie Schmetterlinge durch die Gänge flattern und sich für Jesus halten. Ist das nicht hübsch? Nächste Woche wollen wir nach West-Flandern, zu den Flanders Fields, da sind im Ersten Weltkrieg viele Soldaten gefallen, auch deutsche, unter anderem Ernst Stadler mit 31 Jahren. 1914 war das, in Zandvoorde, südöstlich von Ypern. Didier mag Georg Trakl am liebsten. Der war erst 27, als er starb. Er war Sanitäter beim Militär, aber konnte die Qualen der Verwundeten nicht mit ansehen, das war einfach zu viel für ihn. Er hat seinem Leben mit Gift ein Ende bereitet, mit Betäubungsmitteln. Davor hat er längere Zeit in Salzburg als Apotheker gearbeitet. Und er war ziemlich verliebt in seine Schwester.

Ach, sagt die Wirtin, und so was müssen Sie lernen? Sich immer in die Bücher vergraben, das ist doch nicht gut. Wo, sagten Sie gleich wieder, wohnen Sie, Fräulein?

Auf dem Sint-Kwintensberg, das Haus soll abgerissen werden.

Genau wie dieses hier, sagt die Wirtin. So geht es mit vielen Häusern, sogar mit ganzen Vierteln in dieser alten Stadt.

Ich denke: Später, wenn wir irgendwann mal zurückkommen, uns erinnern wollen, ist nichts mehr da, was wir anfassen können; es ist verrückt, jetzt schon zu wissen, dass wir uns ein Nest im Nichts bauen, oder im Verfall. Unsere Namen hier in die Wände zu ritzen, wäre verlorene Liebesmüh.

In Gent zwischen den Autos und den Straßenbahnen von Verkehrsinsel zu Verkehrsinsel laufen. Neben den alten Männern auf der Bank sitzen und aufs Wasser sehen, auf die flachen braunen Kähne und den Müll, der sich in den Winkeln der Kanäle fängt. Über die Brücken gehen, mit ihren schnurgeraden schmiedeeisernen Geländern und den splitternden Holzböden. Bei Einbruch der Dämmerung die ältlichen Liebespaare in den erleuchteten Lokalen beobachten und zusehen, wie die Bettler aus den Schmuddelvierteln auftauchen; den Buckligen in ihren zerfransten Jacken und den glänzenden Kappen zum Gravenkasteel und zur ewig nach Salz und Ammoniak riechenden Fischhalle folgen; vorbei am Vleeshuis, wo die Trauerweiden bis ins Wasser hängen, bis zu den Äpfeln, den Orangen, dem Wrackholz, manchmal zu den toten Hunden, den mysteriösen aufgeblähten Jutesäcken, den Katzen, den Ratten. In den schiefen Bäckereien Kakerlaken an den Wänden.

Wenn es dunkel wird und die Laternen angehen, erwachen die Renaissancehäuser mit ihren leuchtenden Fenstern. Hier würde er gerne wohnen, sagt Professor Herman, die Fingerabdrücke derjenigen betrachten, die ihm vor Jahrhunderten vorausgegangen sind, eingeprägt in Bücherregale und kostbaren Wandbehang, während er auf das Treiben des Volkes zeigt, dessen Lärmen kaum zu ihm durchdringt.

In Gent ist ein Fest im Gange, einfach so, hier weiß man nie, was gerade gefeiert wird. Vielleicht, dass der Frühling kommt oder der Professor einer befreundeten Universität eine Gastvorlesung hält, dass ein Debattierwettbewerb stattfindet oder die Stadt an irgendein mittelalterliches Ereignis erinnern will. Der Veerleplein hängt voll mit Lampions.

Auf dem Kopfsteinpflaster sitzen Frauen mit Akkordeons. Die Straßenbahn kommt nicht mehr durch. Aus sämtlichen Seitenstraßen tauchen Festumzüge auf, Fahnen und Gesang. Bierfässer und Stände mit Schinken- und Käsebrötchen säumen die Bürgersteige. Alles schunkelt, schubst und schiebt. Ist Didier hier auch irgendwo?, frage ich.

Doch meine Stimme geht im wilden Treiben unter. Die Menschen tanzen in langen Reihen, die Hände auf den Schultern ihres Nebenmannes, formen Kreise in und um die alte Grafenburg. Und da, für den Bruchteil einer Sekunde, sehe ich Didier. Er wirbelt und springt, als ginge es um Leben und Tod. Mit dabei sind Marc und Fernand und Rudolf und Suse und X und Y und der wunderliche Hannes.

Und als der Trubel vorbei war, gingen wir durch die dunkle Nacht ins Universitätsviertel zurück, und der wunderliche Hannes sang aus vollem Hals von einem schönen Liebchen, das zur Apfelrose kommen sollte; betrunken beweinte er den Verlust seiner Unschuld und schlug einem späten Passanten vor lauter Übermut den Hut vom Kopf.

Und dann nahm mich jemand beim Arm. Didier. Er sah mich mit glänzenden Augen an, und ich las darin, dass er meinte, mich zu brauchen. Vielleicht bist du wie ich, dachte ich, willst lieben und weißt dabei nicht, dass du auch geliebt wirst. Du fragst dich, wie viel mir an dir liegt. Wie weit ich dir zuliebe gehen würde. Du suchst dich selbst in mir, hast mich nur lieb, um dich zu verwirklichen. Geh und liebe jemand anderen.

Die letzten Nachwehen des Festes klangen langsam ab. Die Straßen leerten sich. Rechts und links verschwanden die Leute in den Häusern oder schlugen Wege ein, die nicht unsere waren.

Ich bring dich nach Hause, sagte Didier.

Er legte mir den Arm um die Schulter, und ich spürte seine Berührung wie ein Feuer vom Herzen bis in die Beine. Da wusste ich schon, dass dieses Zusammensein – jedenfalls vorläufig – sinnlos war, und ich wollte ihm zurückgeben, was er mir geschenkt hatte, eine Berührung, die in ihm dieselbe bebende Regung auslösen musste, und ich legte ihm den Arm um die Hüfte und passte mich seinem Gang an.

Wir waren still, und ich sah über die Schulter zurück.

Hast du Angst?, fragte er.

Meine Großtante macht hier vielleicht irgendwo noch einen Spaziergang, sagte ich blöde.

An der Ecke blieben wir stehen. Die Straße glänzte feucht. Ich hatte Angst, er würde mich umarmen und mich so eine Zeit lang an sich binden, Angst, seine Geheimnisse teilen und womöglich nach seinem Bilde und Gleichnis leben zu müssen. Aber er tat nichts, schüttelte nur den Kopf und sah zu den Sternen.

Tante Louises Haus war dunkel. Wäre Didier jemand gewesen, den ich schlicht und unbefangen liebte, hätte ich ihm genau das ohne Angst sagen können.

Ich schlüpfte ins Haus, und mir war weh ums Herz, als bildeten sich in meinem Hals anstatt in meinen Augen

Tränen, und ich wünschte: Lass ihn nie wieder zu mir kommen.

Legte den Kopf an die kühle Wand und hörte das Pochen in meinen Ohren und betete: Lass ihn wiederkommen. Bitte, morgen muss er wiederkommen.

Ich sehe ihn vor Professor Hermans Hörsaal wieder.

Setz dich doch zu mir.

Er meint es als Abschied. Seine Augen glänzen nicht mehr, wenn er mich ansieht.

Tagelang macht mich das traurig.

Es ist schwer, sich zu verabschieden, wenn etwas gerade erst im Entstehen war, auch wenn man selbst es zum Scheitern gebracht hat.

Aber neue Möglichkeiten taten sich auf. Kurz danach fingen wir an, in den Herzen anderer Menschen zu leben, er in dem von X und ich in dem von Y.

Es gab keinen zwingenden Grund, sich weiterhin zu sehen. Nicht einmal der Verlust, den wir beide bald erleiden sollten, führte dazu, dass wir einander brauchten.

3

Hermine stand zu nah bei mir. Sie war meine
Schwester, mir ähnlich. Sie war immer da, auch
wenn ich sie nicht täglich sah.
Frei nach Hermann Hesse, *Der Steppenwolf*

Professor Herman wohnt in der langen, fast schon länd-
lich-ruhigen Straße, die vom Bahnhof Gent-Sint-Pieters
bis in den Vorort De Sterre führt.

In seinem Arbeitszimmer mit den Büchervitrinen
hinterm Schreibtisch und dem Korbsessel beim Ofen
riecht es nach hastig ausgeleerten Aschenbechern und
alten Büchern vom Sint-Jacobsmarkt, dem Platz am
anderen Ende der Stadt, Richtung Dampoort, wo an fes-
ten Wochentagen die Hausierer und Gebrauchtwaren-
händler inmitten flatternder Tauben ihre Stände auf-
bauen, Kanonenöfen und Kerzenständer zum Rosten in
den Nieselregen stellen und ihre Schirme über den Kar-
tons voll mit Wörtern aufspannen, die als Geschenk für
den Professor bestimmt sind.

Wer soll die ganzen Bücher lesen?, fragt er. Ich komme

nicht dazu. Immer ist gerade etwas anderes zu tun. Das Zimmer riecht nach ihnen. Sie drängen sich förmlich auf.

An lauen Frühsommerabenden öffnet er allerdings das Fenster, um ihre Präsenz zu vertreiben, dann kommt der Geruch der Vorstadtgärten herein, nach klammen Blumenbeeten, verregneten Wiesen und Sand aus der Ferne, wo der Ringkanal gegraben wird und ein Wegenetz entsteht, das diesen Ort mit dem Rest Europas verbinden soll, rote Linien, die auf der Landkarte ostwärts verlaufen, hin zu den besseren Städten, wie es in dem alten Lied heißt, Leuven, Köln, Frankfurt, Salzburg, Wien oder Prag.

Manchmal, sagt er, weckt ein Titel oder der Name eines Autors alte Erinnerungen; ungezielt schlage ich eine Seite auf, lese einen Satz und erkundige mich, was das Buch kosten soll, und dann kaufe ich nicht so sehr das Buch als vielmehr die Vergangenheit, komme bereichert und erwartungsvoll zurück in dieses Zimmer, stocke dann aber auf der ersten Seite und schiebe dringende Erledigungen vor, denn nicht immer halten die Worte ihr Versprechen. Und nun hör dir das an.

Und er legt Musik auf.

Hör gut hin, Musik aus deinem Vaterland. Ich habe auch Brahms; man kann lernen, eine Melodie mit einem Ereignis zu assoziieren, genauso leicht, wie einen Menschen als Ursache oder Mittel für die eigene Erfahrung zu betrachten. Und dann kann man womöglich auch lernen, Städte und Landschaften in Erinnerungen umzuwandeln.

Von den Hügeln und Flüssen, den Straßen und Häusern bleiben keine messbaren, reellen Fakten. Wir erleben und nutzen sie durch die Gedanken und Blicke der Menschen, die sie vor uns gesehen und sie zu Inhalt und Leitlinie umgeformt haben, verstehst du?

Ja, Professor Herman.

Oder eigentlich nicht, aber das kann ich ihm nicht sagen. Ich stehe doch erst am Anfang von allem.

Ich weiß, dass er in einer Schublade Briefe von Freunden aufbewahrt, die einmal seine Studenten waren, und die ihm, so wie ich jetzt, an diesem großen Eichentisch gegenübersaßen und ihre Gedanken, die ihnen auf der Straße noch so bedeutend vorgekommen waren, in die richtigen Worte zu kleiden versuchten, unter seinem Lächeln aber Schiffbruch erlitten und sich verbissen schworen, etwas zu unternehmen, sobald sie wieder draußen wären, eine Tat zu vollbringen, die das ironische Lächeln in einen einvernehmlichen oder anerkennenden Blick verwandeln würde. Mir aber fällt nichts ein, was in seinen Augen Gnade finden könnte, schon gar nichts genauso Bedeutendes wie die großen Taten der berühmten Persönlichkeiten, um die es in seinem Kurs immer geht.

Ich besuche ihn nicht mehr, habe zu große Angst, er könnte auf mein Klingeln nicht reagieren oder gelangweilt und mit gerunzelter Stirn bloß so tun, als hörte er sich an, was ich niemandem, nicht mal Y, über die Farbe des Verlusts vermitteln kann.

Ich laufe vom Sint-Jacobsmarkt nach Dampoort, Professor Herman, schon am frühen Abend sind die Straßen hier wie ausgestorben. In den Schaufenstern auf dem Steendam brennt zwar noch Licht, aber die Türen sind abgesperrt, und in der Dampoortstraat stehen schon keine Kisten mit Obst und Gemüse, Schuhen und Bürsten mehr auf dem Gehsteig. Es wird immer später. Bloß noch ein paar Straßenbahnen kommen die Leiebrücke Ecke Minnemeers heruntergerattert, manchmal habe ich Angst, sie könnten die scharfe Kurve verfehlen. Schwarz fließt unterm Brückengeländer das Wasser, wirft Blasen und malt Kreise um die vereinzelten reglosen Boote vor der weißen Mauer der Limonadenfabrik.

Um die Ruine der Sankt-Bavo-Abtei drängen sich dunkel die Arbeiterhäuser aneinander. Hier und da hängen Geranien von den Fensterbänken und sehen aus wie alter Samt. Ein Stück weiter, wo die Leie sich teilt, sind die Schlachthäuser. Dort riecht es nach Urin und Seifenlauge. Ich folge dem Bogen der Kasteelstraat, an den tristen Bahnmauern vorbei zum Bahnhof Dampoort, treffe wieder aufs Wasser, das dort in einem tiefen Becken kreist und sich dann unter der Dampoortbrücke hindurch ins Hafenwasser verliert.

Hier erinnert der Wind schon ans Meer. Hier ist es kalt. Hier liegen die Schiffe geduldig Seite an Seite zwischen den Hangars und den Stapeln Tonnen und Tau. Mein Vater ist tot, Professor Herman. Er ist schon sechs Tage tot. Sechs Tage bin ich durch die Straßen gelaufen und dachte, er käme jeden Moment um die Ecke, und als er das nicht tat, dachte ich, Sie kämen um die Ecke und würden mir schweigend zuhören: Dass er von uns gehen musste, damit ich begreife, wie unverzichtbar er ist. Ich habe ihn nie zu schätzen gewusst. Ich dachte, ich könnte ohne ihn leben, aber das stimmt nicht. Ich lebe nur noch halb. Ich habe meinen Vater verloren. Jetzt will ich ihn zurückholen und kann es nicht. Er ist mein erster Toter. Nicht ein einziges Mal habe ich ihn gebeten, mir von seinem Heimweh nach Böhmen zu erzählen. Ich weiß fast nichts über sein Leben.

Oft saß er am Radio und durchforstete die europäischen Sender nach Liedern, die ihn an früher erinnerten: *Wo ist mein Heim? Mein Vaterland? Zu Kamnitz-an-der-Linde. Wien, Wien, nur du allein. Die Moldau* von Smetana. Dvořáks *Slawische Tänze. Immer nur lächeln. Sie hat nur zwei Kleider und doch ist sie schön.* Die Erkennungsmelodie des Blindenkinos in Prag.

Ich weiß nicht, wo ich herkomme. Ich kenne nur meine Vorfahren mütterlicherseits. Wer weiß, was ich in Böhmen über meinen Ursprung und meine Bestimmung herausfinden würde?

Aber ich glaube nicht, dass ich so bald in mein Vaterland komme. Manchmal finde ich es gut, diese Art Heimweh zu haben, es bewahrt mich davor, das andere Heimweh zu kultivieren, das ich bei so vielen Menschen um mich herum beobachte, und das sich nicht ans Leben knüpft, sondern an den Tod. So haben Sie es uns doch beigebracht, nicht wahr, Professor Herman?

Ich will ihn also nicht mehr besuchen.

Und dann gehe ich doch wieder hin, mit der unverbindlichen Geschichte, ich hätte etwas Ungewöhnliches in Kafkas *Amerika* entdeckt: Die Freiheitsstatue hält anstelle einer brennenden Fackel ein Schwert in der Hand, Professor Herman.

Weißt du, was erstaunlich ist, sagt er. Du kommst immer, wenn Didier gerade weg ist. Hast du denn noch Kontakt zu ihm?

Nein, inzwischen nicht mehr. Am Anfang schon. Aber Sie wissen ja, wie das ist. Er verbringt all seine Zeit mit X und ich meine mit Y, und wir gehen beide ganz darin auf.

Glaubst du, er ist glücklich mit X?

Ganz bestimmt, Professor Herman.

Wollen wir es hoffen, sagt er, sein Vater ist nämlich gestorben.

Wie mager und blass Didier in seinem schwarzen Anzug in den Hörsaal kommt! Aber mit X ist er glücklich. Und ich werde mit Y glücklich sein. Das Glück fängt jetzt schon ein bisschen an. Wir gehen an der Leie spazieren. Oder wir fahren mit dem Zug ans Meer. Wir kaufen uns einen Fotoapparat, um die friedlichen Seiten des Lebens damit festzuhalten, Margeriten auf einer Wiese oder Grashüpfer oder Stoppelfelder oder Metalltische vor Landgasthöfen mit Petunien auf der Fensterbank.

Oder wir bleiben zu Hause und schütteln unser lustiges, behütetes Bett auf, das aus einer Doppelmatratze besteht, die – außerhalb der Liebesstunden – mit der einen Hälfte an der Wand lehnt und als Sofa dient.

Da sitzen wir dann inmitten unserer Seminarunterlagen und lernen all das Schreckliche auswendig, das manch einen unsterblich gemacht hat: Proust, so hypersensibel, dass er seine Wände mit Kork auskleiden ließ, um nichts mehr vom Leben außerhalb des Zimmers zu hören.

Gérard de Nerval, der in der Rue de la Vieille Lanterne in Paris Selbstmord beging.

Kleist, ein so egozentrischer Narziss, dass er eine Frau mit in den Tod nahm, die er nicht mal mehr liebte. Das war am Berliner Wannsee, und ihr Name war Henriette.

Rilke, so neurotisch, dass schon der Schatten eines Zweiges oder einer Blume ihn in Angst und Schrecken versetzte.

Kafka, ein so übermüdeter, geschlagener Jude, dass er fast zwangsläufig Tuberkulose bekommen musste.

Und Prag, meine Güte, Prag, das Mütterchen Stadt, mit seinen Klauen von der Burg bis runter ins Ghetto, das in den Büchern zur giftigen Wucherpflanze geworden ist, einer erstickenden Halluzination von nach Seife und schalem Kaffee riechenden Innenhöfen, Treppenhäusern, Arkaden, Dachböden, Kellern – Prag will ich so heiter erleben, wie mein Vater es erlebt haben muss. Er kannte mit Sicherheit sämtliche Straßen und Gassen vom Hradschin und der Prager Kleinseite bis zum Wyschehrad.

Rabbi Jehuda Ben Löw formte einen Menschen aus Lehm und Ton, erweckte ihn zum Leben, indem er ihm einen Zettel mit einem hebräischen Zauberspruch in den Mund legte, und nannte ihn den Golem.

Lange Zeit diente der Golem dem weisen Rabbi und brauchte weder Nahrung noch Schlaf. Jeden Freitagabend, wenn die Juden die Arbeit niederlegten, um den Sabbat zu feiern, nahm der Rabbi den Wunderzettel an sich, dann verschwand alles Leben aus dem Golem, und er war nur noch Lehm.

Aber eines Freitagabends vergaß der Rabbi den Zettel, und als er auf dem Weg zur Synagoge war, rannten ihm die Menschen hinterher und schrien, der Golem sei rasend geworden und zerschlage alles, was ihm in den Weg komme. Der Rabbi ging zurück, zeigte keine Furcht und nahm das Wort aus dem Mund des Lehmmenschen, der daraufhin in sich zusammenfiel und nicht wieder lebendig wurde. Sie schleiften ihn zur Synagoge, wo er auf dem kalten Boden liegen blieb, bis er unkenntlich geworden war, ein Häufchen Staub, das schließlich von vielen Paar Füßen weggetragen und von den Besen der Arbeiterinnen zusammengefegt und auf die Straße gekehrt wurde. Aber alle dreiunddreißig Jahre erwacht er wieder zum Leben, geht durch die Straßen und will den armen, mittellosen Menschen helfen, die am Ende ihrer Kräfte an der Moldau stehen und jammern. Er irrt durch die Flure der Renaissancehäuser, jagt den Käfern Angst ein, und kann er niemandem helfen, dann schlägt er sich machtlos gegen die Stirn, dass es noch über den Dächern widerhallt, oder er kehrt mit seinem Besen die Bürgersteige wie ein Besessener.

Wir sitzen auf dem Sofa, Y und ich, als die Ereignisse über uns hereinbrechen, so furchtbar, dass wir sie kaum fassen können: Marc jagt sich eine Kugel in den Kopf. Wir wissen gar nicht, warum, und wollen es die anderen nicht fragen. Wir machen Waffeln oder Pfannkuchen und bekommen später vielleicht viele Kinder, mit denen wir fröhlich in hohen grünen Wäldern picknicken gehen.

Und Maria ist tot. Eines Abends hat man sie irgendwo in der Stadt gefunden. Wir wissen gar nicht, wie und warum sie es getan hat. Wir essen Butterbrote auf dem Sofa. Wenn auch mit zugeschnürter Kehle. Zwei Stunden später bekomme ich Magenschmerzen.

Beim Gedenkgottesdienst in der Kathedrale sind wir nicht dabei. Aber Chris, Jan, Monique, Veva und Godelieve geben sich die Klinke in die Hand, um uns zu erzählen, wie es war. Sie hätten alle in der Kirche gesessen, sehr ergriffen, manche in Tränen aufgelöst, weil sie das Leben nicht begreifen konnten und weil sie den Tod, nach den Worten des Dichters Rilke, als Zeichen einer frühen Vollendung betrachten mussten. Auch Professor Herman sei bei der Totenfeier gewesen und habe sehr betroffen gewirkt, weil er uns so viel über die Frühvollendeten erzählt hatte, denen es offenbar genügte, zwanzig oder dreißig Jahre zu leben, und die zwischenzeitlich vielleicht noch die Kraft aufbringen konnten, eine Liebe zu erleben:

Wolf Graf von Kalckreuth richtete als Neunzehnjähriger einen Revolverlauf auf sich. Dass er sich zerstört hat! Dass man das bis in alle Ewigkeit über ihn sagen muss! Hätte eine Frau ihre leichte Hand auf den zarten Anfang seines Zorns gelegt, wäre dann nicht genug Sinn entstanden, um weiterzuleben? Aber ach, selbst das war sinnlos. Er sah hinter die Maske der Dinge, und dadurch wurden sie unerträglich. Am Ende schien ihm das Leben so aussichtslos, dass er nicht mehr auf den Moment warten konnte, da die Bitterkeit vielleicht in Freude umschlagen würde. Nur in seinen Gedichten sah er noch eine Zeit lang einen Sinn, aber es gelang ihm nicht, sich durch das Schreiben vom Schmerz zu befreien. Aber wie könnte man Graf von Kalckreuth einen Vorwurf machen?

> *Das, was geschieht, hat einen solchen Vorsprung*
> *vor unserm Meinen, dass wirs niemals einholn*
> *und nie erfahren, wie es wirklich aussah.*
> Rilke, *Requiem für Graf von Kalckreuth*

Es ist Mai. Die meisten verlassen Gent, um sich zu Hause auf die Prüfungen vorzubereiten. Y ist schon gestern gefahren. Ich weiß nicht, wie ich es länger als eine Woche ohne ihn aushalten soll. Ich stehe auf dem Vorplatz des Sint-Pieters-Bahnhofs, dem Koningin Maria

Hendrikaplein. Marie Henriette, murmele ich stupide vor mich hin.

Aus Richtung Sterre kommt eine Straßenbahn, schwenkt einmal um den Platz und hält. Professor Herman steht auf dem hinteren Perron, sieht mich und winkt. Ich lächele ihm zu, nehme dann Koffer und Büchertasche und gehe ins Bahnhofsgebäude. Suse und Chris sind da und Hugo und José und viele andere. Sie stehen beisammen und unterhalten sich. Wir gehen an den Kontrolleuren vorbei durch den zugigen Tunnel zu den Gleisen. Der wunderliche Hannes rennt jedem Zug hinterher und singt dabei nuschelnd und stotternd philosophische oder literarische Verse vor sich hin: *Nach Ostland wollen wir reiten, da ist uns ein bess're Stätt'*, und verfolgt junge Mädchen, die auf dem Heimweg sind.

Ich flüchtete vor ihm, vielleicht, weil ich Angst hatte, er könne sich aus den vielen Zügen ausgerechnet meinen herauspicken, sich zu mir setzen und mir mit seinen wirren Ergüssen die Laune verderben. Ich lief von Gleis 1 zu Gleis 10 und wieder zurück, stieß dabei Leute an, was ist mit dem Mädchen los, hat sie wen verloren? Und dann flog ich jemandem in die Arme, der mich festhielt und lachte und sagte: Dich hab ich ja schon ewig nicht gesehen. Verrat mir mal, wo du die ganze Zeit gesteckt hast? Ich glaube, du bist ganz in Y weggetaucht.

Es war Didier.

Ich trug die blaue Jacke mit den Messingknöpfen, verrückt, dass ich das noch weiß.

Wir liefen auf dem Bahnsteig auf und ab und erzählten uns Gott weiß was. Vielleicht, wie man stark genug wird, um ein Leben lang zu überleben.

Dann kam mein Zug, und Didier musste die Beine in die Hand nehmen, weil sein Zug einen Bahnsteig weiter einfuhr, und aus dem Fenster winkte ich ihm noch zu, bevor auch er einstieg und wir uns in unterschiedliche Richtungen auf die Reise machten, genau wie vor fünfzig Jahren Rilke und Lou Andreas-Salomé.

Die Fenster, hinter denen er irgendwo sein muss, schießen dunkel vorbei. Niemand zu erkennen. Ich versuche, noch etwas von ihm zu erhaschen, winke ins Leere. Nur der wunderliche Hannes steht da und sieht mich an, denkt, meine vorbeiziehende Geste sei für ihn bestimmt, und tänzelt wie ein Schmetterling so verrückt aus meinem Blickfeld.

Und dass das so ungefähr alles ist, was mir von vier Jahren Gent geblieben ist. Und dass ich niemandem je wiederbegegnet bin, oder höchstens flüchtig, außer Professor Herman. Er starb an einem nebligen Novembertag, das ist jetzt auch schon wieder fast drei Jahre her. Ich weiß, dass Y zwei Kinder hat. Das alles ist sehr weit weg.

Und Didier? Ich habe ihn nicht mehr wiedergesehen.

Und nun kommt plötzlich dieser Anruf einer Freundin, die fragt, ob ich Didier auf einen Kongress nach Wien begleiten will.

4

Sie war die Erlösung, der Weg ins Freie.
Sie musste mich leben lehren
oder sterben lehren.

Frei nach Hermann Hesse, *Der Steppenwolf*

Und dass mir die Erinnerungen jetzt, nach über zwölf Jahren, so romantisch erscheinen – beinah schäme ich mich dafür.

Als ich Didier anrufe, um mich mit ihm für die Reise zu verabreden, erkenne ich seine Stimme nicht. Wie hat er ausgesehen? Groß, mit dunklen, nein, hellen Augen, ich weiß es nicht mehr.

Wir müssen uns natürlich sehen, bevor wir die Reise antreten, sagt er. Komm zum Essen zu mir. Passt dir Donnerstagabend?

Vorher will er mir noch eine Wegbeschreibung schicken. Es ist nicht gerade die günstigste Zeit für einen Besuch, sagt er, die Straße nach Leuven ist aufgerissen. Du musst einen Umweg über Dörfer und Ortschaften machen, die dir vermutlich nichts sagen. Aber du wirst mich schon finden, so schwierig ist es nun auch wieder nicht.

Ich lege auf, räume Kinderspielzeug weg, koche Mittagessen. Was weiß ich eigentlich über Didier? Nur, dass er ein paar Bücher geschrieben hat. Ich habe sie gelesen, kann mich aber nicht mehr genau daran erinnern, vielleicht, weil es damals eine schwierige Zeit für mich war, nicht nur finanziell, an manchen Tagen wusste ich weder ein noch aus. Und auch, weil ich parallel Stig Dagerman las, der gerade erst übersetzt worden war, und ich bei ihm auf Geschichten stieß, die denen von Didier zum Verwechseln ähnlich waren. Noch immer kann ich mich nicht erinnern, bei wem von den beiden ein Kind von einem Auto totgefahren wird und bei wem ein Kind spielt, es könne Auto fahren, und sich selbst totfährt.

Ich hoffe, ich verfahre mich am Donnerstag nicht. Ich hoffe, es ist nicht neblig und ich habe unterwegs keine Panne. Ich hoffe, wir haben auf dem Weg nach Wien keine Panne. Immer bin ich unruhig vor einer Reise und würde die ganze Sache am liebsten abblasen. Aber trotz der üblichen bösen Vorahnungen bin ich doch jedes Mal wieder heil nach Hause gekommen.

Ich bringe das Haus auf Vordermann, lese ein paar Texte von Didier noch mal durch, es wäre absurd, mit ihm kein sinnvolles Gespräch über seine Arbeit führen zu können, schätze ihn glücklich, weil er sich von Belastendem wie

Krankheit, Tod, Schicksal, Unverständnis und Schwäche womöglich hat freischreiben können.

Ich fahre zu ihm. Kein Nebel weit und breit. Es ist ein schöner Sommerabend mit wenig Verkehr. Natürlich kommt mir weder ein geplatzter Reifen noch ein anderes Unglück in die Quere, ich gerate lediglich ein paarmal vom richtigen Weg ab und sehe mich in Gedanken schon über Hecken und Bäche steigen, um irgendwo Auskunft einzuholen, aber nein, wohlmeinende Menschen haben sich am warmen Wegesrand aufgestellt, um mich groß-zügig mit Anweisungen zu versorgen, und ich komme noch vor Einbruch der Dunkelheit und ganz sicher, be-vor die mir zugedachten Speisen anzubrennen drohen, bei ihm an.

Sein Haus steht auf einem Hügel.

Ich klingele, frage mich, ob ich auch hübsch genug an-gezogen bin und ob er schon hinter einem der Fenster Ausschau nach mir hält. Bestimmt hat er Zeichen des Älterwerdens an sich beobachtet und fragt sich, was die-ses Älterwerden wohl mit mir angestellt hat.

Er öffnet die Tür. In verlegenem Erstaunen schlage ich die Hände vors Gesicht, lächelnd zieht er mich an sich, glücklich über unser Wiedersehen.

Er ist unbestreitbar ein schöner Mann geworden, mit schwarzem, hier und da früh ergrautem Haar, das ihm lang und fröhlich in den Nacken wallt. Ich vergesse, auf seine Augenfarbe zu achten. Meine Daumenkuppe könnte ich nicht mehr in sein Kinngrübchen legen, denn er hat sich einen Bart zugelegt.

Er meint, wir sähen tatsächlich aus wie zwei richtige Erwachsene. Was waren wir damals für Kinder!

Er führt mich in die Küche, wo lauter von ihm höchstpersönlich zubereitete Leckereien vor sich hin brutzeln. Seine Frau ist beruflich im Ausland.

Er signiert sein neuestes Buch für mich und schreibt das Datum hinein:

Donnerstag, 27. August 1970

Für die Fahrt nach Wien werden wir seinen Anglia nehmen.

Wir essen bei offenen Vorhängen, mit Aussicht auf das Tal und die Vlierbeek-Abtei.

Da unten ist es schön, sagt er. Um die Kirche verläuft eine bröckelige Mauer, dahinter der Friedhof, und in dem Garten gibt es ein Landgasthaus, mit Metallstühlen unter hohen Bäumen.

Im Licht der Dämmerung und der fernen Straßenlaternen liegt weiß und gelb die Kirche mit dem Kuppelturm, die aussieht wie aus Österreich hier angeweht.

In gut zwei Wochen geht der Kongress los.

Am Tag der Abfahrt werde ich mein Haus und die mir

Anvertrauten zurücklassen, in Sorge, aber auch voll Vor-
freude, weil ich dann alle Zeit der Welt nur für mich habe:
für Museen, Landschaften, Städte, Begegnungen.

Und bei Didier bin ich zweifellos in angenehmer Reisegesellschaft. Ich muss mich nicht verausgaben, um über-
trieben zuvorkommend und unterhaltsam zu sein wie
bei einem unbekannten Reisepartner. Mit Didier werde
ich alles unbefangen genießen können. Ist man zusammen so jung gewesen wie wir, kann man dem anderen
vollkommen vertrauen, weil man seinen unschuldigen
Anfang kennt, zu dem man sich zurücksehnt, und man
weiß, man wird nichts Böses miteinander anstellen. Aber
irgendetwas macht mich verletzlich. Manchmal stelle ich
mir vor, wie wir Hand in Hand im Auto sitzen, weil er
traurig ist, weswegen, weiß ich noch nicht.

Und ich muss mich ermahnen, nicht sentimental zu
werden, ein Übel, an dem ich seit meiner Kindheit leide.
Immerhin geht es um einen Kongress, eine ernste und
nüchterne Angelegenheit. Ich muss dringend recherchie-
ren. Was weiß ich schon über österreichische Literatur?
Über Österreich generell?

Und im Garten spielen Kinder und wollen Ausflüge
zu Brombeersträuchern machen, und sie wollen, dass ich
einen Kuchen backe und wir alle, Kinder, Kuchen und
ich, in den hohen grünen Wäldern rund ums Haus picknicken gehen.

Ich muss sicherstellen, dass ich nach meiner Rück-
kehr aus Österreich in meinem trauten Heim mit offenen

Armen empfangen werde. Was außerhalb davon liegt, ist letzten Endes Randgebiet. Didier ist Randgebiet, und Wien genauso.

Ich bin nur zwölf Tage weg und kehre dann zurück in die behütete Selbsterhaltung.

5

Amour en latin faict amor;
Or donc provient d'amour la mort,
Et, par avant, soulcy qui mord,
Deuil, plours, pieges, forfaitz, remords ...
Stendhal, *Le rouge et le noir (Blason d'amour)*

Mein Haus ist schon hinter der Ecke verschwunden. Ich versuche, mich an den Anglia zu gewöhnen. Der hat seine besten Tage hinter sich, es wäre ein Wunder, wenn wir damit die 2 500 Kilometer hin und zurück ohne Panne schaffen. Er riecht nach altem Leder und Metall, nach Staub und warmem Benzin.

Auf der Rückbank liegen unsere Reisetaschen, die Jacken und der Proviantkorb.

Wir sind nett zueinander, auf unpersönliche Art, und vereinbaren, alle Reisekosten aufzuschreiben und sie hinterher zu teilen.

Der Gesprächsstoff geht uns erst mal nicht aus, denn die Autobahn, zumindest bis Köln, ist für uns beide bekanntes Terrain, und wir verbringen die Zeit damit, uns zu erzählen, welche Geschichten wir auf dieser Reiseroute erlebt und welche Menschen uns dabei begleitet haben. Und so landen wir wieder bei anderen Menschen und anderen Reisen oder einfach bei irgendwelchen Anekdoten.

Wir fahren über die Grenze, ziehen naheliegende Vergleiche zwischen Deutschland und Belgien, tanken.

Zum ersten Mal höre ich ihn wieder Deutsch sprechen:

Volltanken bitte. Super, ja. Und die Windschutzscheibe saubermachen.

Ich schlendere zu den Toiletten.

Hast du Kleingeld?

Hier.

Wir trinken Kaffee. Sehen uns die Landschaft an, die noch zu nah an zu Hause liegt, um etwas Geistreicheres darüber zu sagen als *schön* und *zauberhaft* und *die Bäume sind immer noch grün.*

Hast du Hunger?

Ein bisschen.

Im Korb ist Obst.

Nimmst du Reisetabletten?

Nur zur Sicherheit, wenn ich mich an das Auto gewöhnt habe, brauche ich sie nicht mehr.

Wollen wir weiter?

Wir hören Radio, witzeln über die Nachrichten, lesen Städtenamen laut vor, wie viele Kilometer haben wir schon hinter uns? Lauschen den Reifen auf dem Asphalt, sehen keinen Unfall, dafür einen Hirsch am Waldesrand, in meinem alten Gebetbuch stand ein Text über einen Hirsch, der nach frischem Wasser lechzt, *so wie meine Seele, Gott, nach dir.* Es dämmert, wir sind aber auch spät bei mir losgefahren, erst gegen Mittag.

Das Auto riecht nicht mehr nur nach Auto, sondern auch nach dem Gepäck, nach uns, nach der Luft, die durch die Fensterschlitze kommt. Didier schaltet die Scheinwerfer ein.

Bist du gar nicht müde?

Kannst du noch?

Sollen wir noch mal Kaffee trinken gehen?

Nein, aber gib mir einen Riegel Schokolade.

Das Zu-zweit-Sein im Wagen hat sein Netz schon gesponnen. Wir werden sanfter, sind mehr wir selbst und erzählen nicht mehr irgendwelche Geschichtchen. Wir sind demselben Schicksal ausgeliefert. Wenn wir ins Schleudern geraten, hat das Folgen für uns beide. Wenn es regnet, hören wir beide die Tropfen aufs Dach fallen und starren beide an den Scheibenwischern vorbei in die Nacht.

Wir werden zwölf Tage lang fast nur aufeinander angewiesen sein.

Vom Stillsitzen werden wir weich, von der Dunkelheit, die uns umgibt, vom leuchtenden Armaturenbrett.

Ich betrachte seine Hände am Lenkrad, sein ernstes Gesicht.

Er sieht mich an und lächelt.

Ich kann es immer noch nicht fassen, sagt er, ausgerechnet du und ich! Was meinst du, was wir zusammen erleben, und was hätten wir wohl mit jemand anderem erlebt? Wir sollten uns einen Modus Vivendi überlegen.

Ja, sage ich, darüber habe ich auch schon eine ganze Weile nachgedacht. Wenn wir nicht aufpassen, sind wir in der fremden Umgebung nur mit einander beschäftigt und lassen uns Begegnungen mit anderen entgehen. Dabei sind wir doch beide auf eigene Erfahrungen aus. Was für dich wertvoll ist, ist es nicht per se auch für mich und umgekehrt.

Ja, sagt er, aber trotzdem will ich mich mit dir verbunden fühlen, will wissen, dass du da bist. Lass uns in Wien unsere eigenen Wege gehen, und abends erzählen wir uns dann, was wir erlebt haben.

So gehen wir auf Nummer sicher, denke ich. Dann kann hinterher keiner dem anderen vorwerfen, unausstehlich gewesen zu sein.

Er ist müde. Zeit, es für heute gut sein zu lassen. Er versucht, eine bequemere Haltung zu finden, nimmt ab und zu den Fuß vom Gaspedal, um sein steifes Bein zu strecken, bewegt Kopf und Schultern, lockert sich.

Auf einem Parkplatz machen wir Halt. Wir steigen aus, aber es ist so kühl draußen, dass wir wieder ins Auto flüchten.

Sieh mal auf der Karte nach, wo wir sind.

Irgendwo bei München.

Noch zehn Minuten Pause, sagt er, dann suchen wir uns ein Nachtquartier.

Er macht ein paar beengte Turnübungen und zertrümmert mir fast die Nase, als er mit dem Arm ausholt.

Willst du auch?, fragt er.

Es ist dunkel. Draußen kann alles Mögliche lauern.

Weißt du noch Gent?, frage ich.

Natürlich, sagt er. Oder meinst du was Bestimmtes?

Nein, sage ich, einfach Gent.

Und ob ich das noch weiß.

Hast du Professor Herman noch mal wiedergesehen?, frage ich.

Ja, noch vier oder fünf Mal. Hin und wieder haben wir auch geschrieben. In einem der Briefe schildert er die ersten Symptome seiner Krankheit und fragt sich, was für eine Form von Bronchitis er wohl hat. Nur, dass es gar keine Bronchitis war. Das letzte Mal, als ich ihn gesehen habe, lag er aufgebahrt in einem Kühlfach in der Uniklinik. Und dass er J. H. Leopolds Gedicht so mochte: *Oh, wenn ich sterben, sterben werd', komm dann und flüster mir was Liebes ...* Ich wusste gar nicht, dass du auch noch Kontakt zu ihm hattest.

Ja, sage ich, aber mein Verhältnis zu ihm war ziemlich sentimental. Ich schätze, in Gedanken habe ich all meine unausgesprochenen Gefühle auf ihn projiziert. Ich habe ihn nach meinem Bilde und Gleichnis geschaffen, ein Fehler, den alle mehr oder weniger Verliebten begehen.

Meinst du, er hat das irgendwie geahnt?

Ich hoffe nicht, obwohl er meinen Texten manchmal vorgeworfen hat, schwärmerisch zu sein.

Brauchst du noch immer jemanden, der dir Halt gibt?

Nein, sage ich. Ich habe schwere Zeiten hinter mir, weißt du? Es könnte glatt sein, dass ich erwachsen geworden bin.

Er bittet mich: Wollen wir uns gegenseitig mit unseren geheimen Nöten verschonen?

Natürlich, sage ich. Mir steht bestimmt nicht der Sinn danach, zwei Wochen lang über das menschliche Elend zu jammern, unsere Rolle dabei und unsere Empfänglichkeit dafür.

Er nickt. Dadurch wird es bloß schlimmer, sagt er, lass uns Urlaub machen, nicht mehr und nicht weniger.

Die Raststätte an der Autobahn ist voll. Kein einziges Zimmer ist mehr zu haben.

Wir trinken im Restaurant einen Kaffee, dann kundschaftet Didier aus, ob irgendein kleines Hotel in der Nähe noch Betten frei hat.

Ich sitze in der Zwischenzeit gähnend am Tisch und tue so, als würde ich wichtige Notizen auf die Bierdeckel schreiben. Sie werben für die Brauerei Thurn und Taxis. Rilke, denke ich, und seine Freundin, die Gräfin von Thurn und Taxis, verrückter Name. Wie die Erinnerungen zum Schluss wieder bei Professor Herman landen; und bei Rilke und Lou Andreas-Salomé und wie sie auf einem Bahnsteig Abschied nehmen, genau wie Didier und ich damals Abschied genommen haben im Bahnhof von Gent.

Ich bin zum Umfallen müde.

Didier kommt unverrichteter Dinge zurück.

Versuchen Sie es bei einem *Zimmer frei* von privat, schlägt der Kellner vor und erklärt uns, wie wir ins nahe gelegene Dorf kommen.

Die Fahrt nimmt überhaupt kein Ende. Als wären wir in einem Labyrinth gefangen. Im Dunkeln sehen alle unbekannten Straßen gleich aus. Mir fehlen die klaren Linien der Autobahn. Irgendwo glitzert Wasser zwischen den schwarzen Sträuchern. Wie sollen wir je ans Ziel kommen?

Aber Didier wirkt so ruhig und selbstsicher, als wäre er schon mal hier gewesen, und plötzlich ragt ein weißer Kirchturm vor uns auf, der tatsächlich ein bisschen aussieht wie der Turm der Vlierbeek-Abtei bei Didier, und dann holpern wir über Kopfsteinpflaster und parken zwischen zwei Heuwagen.

Wir sind in so einem Dorf mit niedrigen Mäuerchen und Gartentoren, unter den Straßenlaternen stehen friedliche, stille Häuser, behäbig alt geworden, wie von allem Unheil verschont. Auf dem Kirchplatz steht ein Maibaum. So spät im September noch, am Stamm eine Aufschrift *Die deutsche Jugend lebe hoch*. Beim ersten *Zimmer frei* bettelt schon eine andere Reisegesellschaft um Einlass, also ziehen wir weiter, mit kärglichen Hinweisen versorgt, wo noch ein Nachtquartier zu finden sein könnte.

Und dann taucht hinter der Kurve von so einem steigenden, fallenden Weg ein surreales Geranienhaus auf, rotkarierte Vorhänge, abgesackter Stall und vollbeladene Karren, und da ist noch Platz für uns, jawohl.

Und dass nur noch ein einziges Zimmer frei ist, dagegen bin ich machtlos, das musste so kommen, daraus brauche ich gar keine große Sache zu machen, denn im Krieg und auf Reisen ist alles erlaubt, und was zu Hause der Vorbereitung auf den Sündenfall gleichkommen würde, hat hier andere Dimensionen, und so höre ich mir bereitwillig die Auskünfte der Bäuerin an: Sicher, es ist reichlich Platz. Ein geräumiges, ordentliches Zimmer, in dem drei große Betten stehen, aber der Herr und die gnädige Frau sind allein auf Reisen, nicht wahr? Schade, denn Kinder wären auch auf das Herzlichste willkommen gewesen.

Das weiß gekalkte Zimmer ist ruhig wie ein Klostersaal. Lächelnd sitzen wir am Holztisch in der Mitte. Um uns herum ragen die Betten auf wie Berge.

Die Karten und Reiseführer von Österreich legen wir auf das mit Schneegipfeln bestickte Tischtuch und stecken die Route für morgen ab, oder tun so als ob, wir sitzen Schulter an Schulter, halten Händchen und spüren, wie gut es ist, befreundet zu sein, wir atmen die Trägheit des anderen ein und vergraben Nase und Mund beim andern im Haar oder im Pullover, so selbstverständlich, als wäre ich die Mutter und er das geliebte Kind.

Nacheinander gehen wir ins Bad und kommen bettfertig wieder heraus, und es hat nichts Ehebrecherisches, als wir unter dieselbe Decke schlüpfen und uns mit Witzchen und Kindheitserinnerungen noch ein bisschen Gesellschaft leisten.

Die Nacht ist kalt. Die beiden Doppelfenster stehen ein Stück auf, die Vorhänge flattern.

Wir liegen unter dem hohen Daunenbett im gelben Licht, das von draußen kommt, von den Straßenlaternen, den wenigen Autos, die jetzt noch vorbeifahren, von den Herbstblumen, der weißen Kirche mit dem Kuppelturm, genau wie in Österreich, und schlafen ein.

Als wir wach werden, ist draußen heller Tag. Wir müssen lachen, weil wir die ganze Nacht in einer stocksteifen Umarmung zugebracht haben.

Im allerschönsten Zimmer erwartet uns das Frühstück. Es gibt Eier, Brot mit Marmelade und Kaffee, wir sehen auf die Scheunen und den gepflasterten Innenhof. Die Sonne scheint. Die Bäuerin kommt mit einem Strauß gelber Blumen herein. Sie ist dick und fröhlich und erzählt ihre Sorgen sicher nur dem Hund und der Katze, und selbst das in zärtlichem Tonfall.

Als wir abfahren, winkt sie uns nach. Gott segne Sie, und kommen Sie noch einmal wieder in vierzehn Tagen? So Gott will, nicht wahr?

Das Auto ist von der Sonne schon aufgewärmt und riecht wie ein Zuhause. Wir lassen das Dorf hinter uns und finden zurück auf die Autobahn. Die Landschaft wirkt eintönig flach, dabei fangen hinter München schon die Berge an.

Am Wegesrand die Ankündigung einer Klee-Ausstellung. Die wollen wir uns auf der Rückfahrt ansehen.

Wir schieben uns in dicken Staus an Häuserblocks vorbei, durch Unterführungen hindurch. Ins Zentrum kommen wir überhaupt nicht, und das macht auch nichts, denn wir haben keinerlei Bedürfnis, uns München anzusehen.

Nicht weit von hier liegt Dachau, aber nicht ein einziger Wegweiser fordert einen auf, von der direkten Route nach Salzburg abzuweichen.

Wir suchen nach Liedern, die wir beide kennen.

Heer Jezus heeft een hofken, daar staan veel bloemen in.

Aux marches du palais, aux marches du palais.

Gekwetst ben ic van binnen, duerwond mijn hert so seer.

Wir passieren die österreichische Grenze.

Nach ein paar Kilometern laufen plötzlich Pferde über die Fahrbahn.

Das Gatter der Bergweide ist kaputt. Wir halten an.

Was sollen wir tun, Didier?

Er springt aus dem Wagen, will die Tiere zurückscheuchen.

Wenn ihm etwas zustößt! Wenn die Pferde durchgehen! Wenn sie ihn angreifen! Ich darf mir das ganze Elend gar nicht ausmalen. Sprungbereit zu helfen, lehne ich mich aus dem Auto, gleichzeitig zu ängstlich, um zu helfen, und denke nur: Rettungswagen, Krankenhaus und ich, mutterseelenallein in einem fremden Land und völlig ratlos, wie man mit einem österreichischen Telefon umgeht, von Versicherungspapieren und Zugfahrplänen ganz zu schweigen, und ich schäme mich.

Andere Autos halten an. Ich steige aus. Gebe Zeichen, dass Didier Hilfe braucht.

Er hat die Arme ausgebreitet, als wollte er ein Kreuz auffangen.

Ich habe Angst, dass ihm etwas zustößt. Nicht nur der Zugfahrpläne wegen. Auch seinetwegen. Die Zeit, dass wir einander verlieren, ist noch nicht gekommen. Ich will mich noch nicht von ihm trennen müssen.

Aber er kehrt wohlbehalten zurück. Der Held Parzival.

Mit einem souveränen Lächeln legt er seiner kleinen Dame die Hand auf den Kopf.

Er startet den Motor. Es dauert fast bis Salzburg, bevor ich wieder sprechen kann.

Die Straße steigt an. Zu unserer Rechten kommen die Berge näher. Sie scheinen schneebedeckt zu sein, graue Gipfel, die in der Sonne metallisch aufblitzen.

Ist das Schnee?, frage ich.

Die Berge der Erkenntnis, sagt Didier geheimnisvoll, aber ich habe keine Lust, dieses Rätsel zu ergründen, auch wenn es mir vorkommt, als hätte ich das schon mal irgendwo gelesen, vielleicht in einem seiner Bücher.

Ich habe noch nie einen schneebedeckten Berg gesehen, dabei bin ich schon durch die Pyrenäen gefahren.

In Salzburg machen wir Zwischenstation.

Wir setzen uns in ein Straßencafé und beobachten die Passanten.

Ich bin fast auf halbem Weg nach Hause.

Mein Vater hat in Böhmen gewohnt, in Kamenice nad Lipou, in Tabor, in Prag, in den Bergen, an den Flüssen, die mit schwimmendem Holz beladen waren; breitbeinig stand er auf den stromabwärts treibenden Baumstämmen und sang dazu: *Wo ist mein Heim? Mein Vaterland?* Hermine, seine Mutter, stand am Ufer, bestickte Röcke, Stiefel, Gold- und Edelsteinketten, Hand in Hand mit Irina Domacova, und sie lachten über das spritzende Wasser, die flinken, kleinen Stromschnellen und die Geschicklichkeit des jungen Bohuslav, der später in das ferne Belgien gehen und nie mehr wiederkehren und ein Mädchen namens Louise heiraten würde, blass, anmutig und sittsam wie eine Heilige. Und sie würden eine Tochter bekommen, der sie die Namen Hermine, Louise, Marie geben würden. Nein, Bohuslav, wir können sie nicht Slavka nennen, dann sagen alle *slaafje* zu ihr. Wir werden sie Hermine nennen nach ihrer Großmutter in der Tschechoslowakei, und Maria nach ihrer Großmutter in Belgien, die hat Vorrang, und Louise nach mir und ihrer Großtante Louise, die in Gent wohnt und so oft nach Wien und Salzburg fährt.

Weißt du noch, als du in Prag gelebt hast, Vater?

Mitte der zwanziger Jahre war das. Ich habe in der Altstadt gewohnt, wo früher das Ghetto war, das Judenviertel, in dem der Golem hauste. Du weißt schon. Seine Aufgabe war es, die Armen und Schwachen zu beschützen, und wenn keine Armen und Schwachen aufzutreiben waren, musste er die Innenhöfe und Laubengänge kehren.

Und weißt du noch das Blindenkino, Vater?

Oh ja, ein ziemlich schmuddeliger Dachboden im Arbeiterviertel Žižkov. Weil der ganze Laden dem Blindenhilfswerk gehörte, nannten alle es nur das »Blindenkino«. Ein »Bruchbandkino« gab es auch noch, das gehörte der Sanitas, dem Roten Kreuz. Gleichzeitig war Sanitas aber auch der Name einer Fabrik für orthopädisches Material. Es ging ganz schön wild zu in diesen Kinos, wenn dem werten Publikum die Vorstellung nicht passte. Wie oft hat der Direktor Frack und Melone abgelegt, um sich eine Runde zu prügeln! Und das alles zur Musik des kleinen Orchesters, das dem Film Glanz und Gloria verleihen sollte.

Wusstest du, dass mein Vater in den Zwanzigern in Prag gelebt hat, Didier? Er muss den Weg durch alle Straßen und Gassen vom Hradschin bis zum Wyschehrad gekannt haben. Vielleicht ist er auf seinen Streifzügen Kafka begegnet oder hat ihn im Arco oder Edison sitzen sehen oder ist an seinem Trauerzug vorbeigekommen. Und vielleicht hat er jemanden die Geschichte von Milena Jesenská erzählen hören, die gewettet hat, sie könne mitten in der Stadt durch die Moldau, die Vltava, schwimmen.

Hat dein Vater dir das alles erzählt?

Da bin ich mir nicht sicher. Ich höre den Leuten immer nur mit halbem Ohr zu. Und wenn ihnen dann nicht mehr zuzuhören ist, jage ich ihnen und ihren Geschichten nach. Aber ich glaube schon, dass er es mir erzählt hat. Vielleicht mischt es sich auch mit dem, was ich in den Büchern gelesen habe.

Mir hörst du aber doch zu?, fragt Didier.

Ja, natürlich, antworte ich und frage mich, ob er schon viel gesagt hat.

Und weißt du, warum die Österreicher so gut kochen können, Didier? Weil sie jahrhundertelang die böhmischen Töchter als Küchenmädchen nach Wien geschleift haben.

Und wer war Irina Domacova?

Die Freundin meines Vaters. Für sie war es ein Verhängnis, mit einem Geheimnis durchs Leben gehen zu müssen. Aber die genauen Details kenne ich nicht. Ich frage mich, was aus ihr geworden ist. Ich muss unbedingt nach Böhmen.

Erzähl mir von deiner Großtante.

Als ich zu ihr kam, war sie schon weit über siebzig. Sie hat mich immer Louise genannt und mich mit nach Spa genommen, da sind wir dann unter den Baldachinen der Straßencafés und Kioske mit den verrosteten schmiedeeisernen Verzierungen spazieren gegangen. In den Parks und Hotels aus ihrer Jugend krakeelten jetzt Bustouristen Eigentlich hätte sie lieber noch mal nach Salzburg gewollt, ihr zufolge die charmanteste Stadt der Welt, aber sie wusste, das würde ihre alten Kräfte übersteigen; und dann weiter nach Wien, Sachertorte essen im Café Sacher und Tee trinken beim Zuckerbäcker Demel, wo verarmte Baronessen und Gräfinnen als Bedienung aushelfen. Und im Volksgarten wollte sie auf einem Stuhl sitzen wie die anderen zerbrechlichen alten Damen mit den kostbaren Juwelen, den Gold- und Edelsteinketten aus Böhmen. Die Zigaretten in schweren, gravierten Silberspitzen, flanieren sie zum Michaelerplatz, gestützt auf Spazierstöcke mit Perlmuttintarsien, unter dem Ziergitter im Burgtor hindurch.

Ganz Salzburg ist ein einziges Ziergitter, als wir in die schmale, graue Judengasse kommen. Wir können kaum atmen, weil weder Sonne noch Luft zu uns durchdringen, als würde Jehova höchstpersönlich einen Schatten auf alles werfen. In der Getreidegasse mit ihren fünf- und sechsstöckigen Gebäuden sehen sich alle Touristen Mozarts Geburtshaus an und bewundern die schönen Zunftzeichen.

Genau wie wir.

Als wir in die nächste Gasse einbiegen, stehen wir vor einem Haus mit einem offenen breiten Tor, wir sehen hindurch, und der weiße Flur, die Treppen und der Schatten der Glühlampen haben etwas von Prag oder Wien. Und deshalb können wir nicht einfach weitergehen. Wir betreten den kleinen Innenhof und sehen oben auf einer Fensterbank zwei Ständer mit Hüten und vor einem anderen Fenster ein Ziergitter. Alte Korbstühle stehen auf dem

Pflaster, und an den Wänden rankt Efeu. Wir nehmen die Treppe Richtung Hüte, im Treppenhaus ist ein Fenster mit doppelten Läden, einer geht nach innen, einer nach außen auf. Die Nächte sind kalt in den Ländern östlich von München.

Auf der Galerie entdecke ich ein Schild: Domac, Hutmacher.

Ich will Didier rufen, aber der inspiziert gerade einen Schrank.

Der Mann, dieser Domac, muss den ganzen Weg aus Böhmen hierhergekommen sein. Vielleicht kennt er meine Familie und weiß, was aus Irina Domacova geworden ist?

Neben dem Hutmacher gibt es einen Antiquitätenladen mit einer kunstvoll geschnitzten Holztür.

Überall Kreuzgewölbe, durch schmutzige kleine Fenster blickt man in staubige Ateliers, vielleicht haben hier Juden gearbeitet oder andere unliebsame Bevölkerungsgruppen. Alles sieht verlassen aus, so Hals über Kopf verlassen, als hätte hier im Zweiten Weltkrieg eine Deportation stattgefunden, als hätte seitdem niemand mehr gewagt, die Ateliers zu betreten.

Die einzige Tür, die sich öffnen lässt, ist die des Antiquitätenladens. Der besteht aus drei Räumen. Im mittleren putzt ein Mädchen einen Kerzenständer, eine Frau schreibt etwas in ein Buch. Beide haben die Haare zu einem Kranz geflochten. Hinter der Kasse knetet sich ein kleiner, dicker Mann die Hände und kontrolliert mit Argusaugen, ob auch niemand eine mittelalterliche Madonna mitgehen lässt.

Im linken Zimmer hocken wir uns bei einem Stapel alter Stiche hin. Sieh mal, sage ich, Prag im sechzehnten Jahrhundert. Die dreizehn Brücken über die Vltava. Damals kamen die Habsburger nach Böhmen, eroberten das Land der Přemysliden und ließen sich dort nieder.

Nimm mit, sagt er, es gehört dir, nicht irgendeinem Österreicher.

Ich halte es für einen Scherz und lache.

Auf die Rückseite des Holzschnitts hat jemand einen Zettel geklebt mit einer Widmung für seinen besten Freund und dem Datum: *Dezember 1947. Frohes Neues Jahr.*

'47 wollte mein Vater zurück nach Prag, um seiner Familie und seinen Erinnerungen einen Besuch abzustatten. Aber wir hatten nicht genug Geld, und den Schmuck aus Böhmen hatte mein Vater im Krieg längst gegen Brot und Kartoffeln getauscht.

Ich entdecke auch eine Tontafel, auf der ein Mann auf dem Krankenbett abgebildet ist, in endlose Laken drapiert, um ihn scharen sich die ängstlichen Kinder und die seufzende Frau; der Arzt geht unverrichteter Dinge zur Tür hinaus, über der steht: *In banger Stunde.*

Als mein Vater stundenlang starb, war ich in Gent und wusste von nichts und verschlief seine bangen Stunden.

Ich stecke mir Prag in die Tasche. Die Schnalle geht nicht mehr zu. Soll ich die Stadt lieber doch nicht mitnehmen und fragen, wie viel die bangen Stunden kosten?

Der Antiquitätenhändler kommt nach uns sehen. Er macht mich nervös.

Text, gefunden im Januar 1971 in Didiers Arbeitszimmer:

Kdoulička: Der Name entstand erst im Nachhinein. Wäre er auch ohne flüchtige Vergangenheit entstanden? Wie kommen die Dinge zu ihren Namen? Weißt du noch, als du Hermine hießt? Aber das war früher, als es Kdoulička noch nicht gab, als sie nicht viel mehr war als ein blasses, lächelndes Gesicht und eine blaue Jacke mit Metallknöpfen. Eine junge Frau, die auf den Zug nach Hause wartet.

Kdoulička, ein Name für eine zukünftige Vergangenheit. Und wie hieß der Hutmacher?

Und warum wird ein Hutmacher in Salzburg zum Anlass, ein altes Haus zu betreten und sich die Namensschilder anzusehen, die an den Wänden und den dunklen Türen festgeschraubt sind oder festgenagelt, genagelt: INRI.

Die breiten Holzstufen ausgetreten, links zur Wand hin, rechts zum Treppengeländer. Von oben spätes Sommerlicht durch große Fenster, die auf den Innenhof gehen, ein hoher, heller Schacht.

Auf einer Fensterbank gegenüber dem Schacht zwei glänzende grüne Hutformen. Ein Flur zum Atelier des Hutmachers, an der Tür ein Namensschild …

Wie hieß der Hutmacher?

Der schmale Flur führt außerdem zu einer Abstellkammer, in der Besen und Kisten stehen und Filzrollen sich stapeln.

So ist es sicher auch in Prag, sagt sie, hinter einer der Türen wartet Josef K.

Und er denkt: Das muss ich nachschlagen, wenn ich wieder in Belgien bin, ich habe es mal bei Kafka gelesen, das Unbekannte, Angsteinflößende in der Rumpelkammer, und dann der Satz: *Je ruhiger ich bin, desto besser ist es für den Ausgang. Fürchte nichts.*

Dem Treppenhaus gegenüber auf der Galerie ein Antiquitätenladen.

Als sie eintreten, sieht ein rothaariges Mädchen auf, das gerade einen Kerzenständer putzt.

Ein kleiner, untersetzter Mann kommt in Bewegung, verbeugt sich und reibt sich die Hände, und eine graue Dame nickt freundlich und trällert: Grüß Gott.

Der Laden besteht aus einem Gang, durch zwei Türen links und rechts kommt man in die Verkaufsräume.

Im linken Raum hängen Gemälde an der schmutzig gelb gefleckten Wand, und an der Fensterseite zur Straße hin stehen etwas kleinere Gemälde in mehreren Reihen auf dem Boden. Dort gehen sie in die Hocke und sehen sich die Bilder, Radierungen, Holzschnitte und braunen Tonreliefs an: *In banger Stunde.*

Er nimmt die kleine Tontafel und hält sie ins Licht. Man sieht einen Mann in der einen Ecke des Zimmers auf einem abschüssigen Bett im Sterben liegen, in eine unermessliche Tiefe abgleitend. Drei Erwachsene stehen um das Bett und weinen. In der rechten unteren Ecke spielt ein Kind mit einem Hund.

Sieh mal, sagt Kdoulička plötzlich, ich habe was gefunden. Sie zeigt ihm den archaisch wirkenden Holzschnitt einer Stadt: *Praha*.

(Eine junge Frau, sie wartet auf den Zug. Nach Hause. Später wird sie mich, angeblich aus Versehen, auf den Weg nach Prag manövrieren.) Überall in der Stadt schwimmen Buchstaben im Strom, Vltava, wogen unter den dreizehn Brücken.

Ich bin auf dem Weg nach Hause, sagt sie. Kdoulička.

Was meinst du, was das kostet?, fragt sie.

Du bist auf dem Weg nach Hause, sagt er. Steck es ein.

Es ist zu groß, sagt sie und lacht.

Er steht auf und schlendert in den anderen Raum mit den antiken Möbeln und dem Tafelsilber. Das rothaarige Mädchen putzt immer noch den Kerzenständer. Er bleibt vor einem Tischglobus stehen. Als er gerade auf der südlichen Halbkugel angekommen ist, hört er seinen Namen.

Kommst du mal? Frag bitte mal, wie viel das kostet, sagt sie.

Er sieht die Angst in ihren Augen, das Misstrauen des Antiquitätenhändlers. Wie viel was kostet?

Das da.

Sie zeigt mit dem Finger, drückt die Tasche an sich: *In banger Stunde*.

Wie viel kostet das?

Ist schon verkauft, sagt der Antiquitätenhändler schroff.

Und dann, mit einer plötzlichen Bewegung, reißt er ihr die Tasche weg. Zeigen Sie mal, was Sie da drin haben.

Sie hat Angst, er sieht es und wendet sich wieder dem Sterbenden auf der Tontafel zu, der langsam tiefer und immer tiefer in den Tod gleitet. Dann hört er plötzlich Gekreisch: Polizei! Schnell, Polizei! Eine Diebin!

Als er aufsieht, hält der Mann triumphierend den Holzschnitt von Prag als Beweisstück in die Höhe.

Das ist ein Versehen, sagt sie, ich wollte es kaufen, ich will es kaufen. Ich bezahle es Ihnen.

Nichts da! Was denken Sie sich? Hier geht es nicht ums Geld. Das ist eine Frage des Prinzips. Wer stiehlt, wird eingesperrt! Basta. Fremdes Gesindel! Ausländische Diebesbande!

Er steht daneben und sieht wie gelähmt zu. *Ich kenne den Menschen nicht.*

Bitte, sagt er, bitte, ich kann das erklären. Es ist meine Schuld.

Da gibt es nichts zu erklären, ruft der Mann.

Die Frau schiebt sie in Richtung Ausgang. Raus! Raus mit der Diebin! Sie zieht sie an den Haaren.

Diebin, ruft auch der Mann und versetzt ihr einen Schlag auf den Kopf.

Jetzt beruhigen Sie sich doch, sagt er.

Einen Teufel werd ich tun! Sie ist eine Diebin! Los! Ab! Weg mit dem fremden Pack! Und er gibt ihr noch einen Schlag auf den Kopf.

Keinerlei Moral! Die Frau schlägt ihr ins Gesicht.

Warum lasse ich zu, dass sie geschlagen wird? Warum halte ich den Kerl nicht zurück? Kein Parzival. Kein Gawain. Kein Floris. Ich habe es immer gewusst. Ich drifte in schwindelerregendem Tempo ab, angesogen von meinem eigenen Negativ. Vernichtet, aufgelöst. Und auf der anderen Seite: Kdoulička. Die Erniedrigung ist ihr Stolz. Ihr Gesicht ist andächtig, als verkörperte sie ein Symbol. Ich weiß nur noch nicht, welches.

In entgegengesetzter Richtung bewegen wir uns auf der Achse des Geschehens, des an uns Geschehenden.

Ich suche Ausflüchte, Erklärungen. Aber es gibt keine Erklärung. *Je ruhiger ich bin, desto besser ist es für den Ausgang. Fürchte nichts.* Dies musste geschehen.

In welcher Hand steht es geschrieben? Jeder Schritt vorausgeplant. Fügung. Schicksal.

Aber kann es so etwas geben? Sich zu verwirklichen im eigenen Mythos, an den man glaubt?

Wir holen jetzt die Polizei. Polizei, ruft der Mann und schnappt sich den Personalausweis aus ihrer Tasche.

Nein, keine Polizei, fleht sie, bitte.

Der Mann zieht die Tür auf, die Frau stößt sie hinaus.

Sie flüchten durchs Treppenhaus zurück und sehen am Ende des Ganges plötzlich Sonnenlicht.

Wie hieß der Hutmacher?

Damals hießt du noch nicht Kdoulička. Und doch warst du es schon. Und Salzburg war mit einem Mal kalt und grau und hässlich.

Wir gingen auf der sonnigen Seite der Straße, trotzdem war uns kalt. Und das Essen war teuer und schlecht, und die Bedienung ließ zu wünschen übrig, und wir flohen Hand in Hand, so schnell wir konnten, und die Leute sahen uns nach und krähten: Fremdes Gesindel, ausländisches Diebespack, Versager; und wir gingen stromabwärts den Fluss entlang.

Er hat die ganze Zeit an der Wand gelehnt. Die Arme ausgebreitet, nutzlos wie Jesus am Kreuz.

Aber jetzt, wo wir draußen sind und ich mich noch mal zum Fenster meiner bangen Stunde umdrehe, legt er mir die Hand auf die Schulter, nimmt mich mit und spendiert mir einen Kaffee in einem klammen Lokal, wo die Wände vor Feuchtigkeit geradezu triefen.

Wir lassen Salzburg hinter uns. Tanken an einer hübschen kleinen Straße. Kommen wieder auf die Autobahn und fahren an hohen Bergen vorbei, grünblauen Tälern und Seen, in denen Segelboote aufblitzen, ich kann mich nicht daran sattsehen.

Doch ich habe Angst. Was soll ich tun, wenn beim Kongress in Wien die Polizei auftaucht? Wenn sie mich des Landes verweisen? Wenn sie mir in Belgien den Prozess machen? Didier wird dabei sein müssen. Und unsere Familien sehen ungläubig zu.

Ich könnte sagen, dass es ein Versehen war, dass ich *Prag* kaufen wollte und dass ich Bücher und Prospekte bei mir hatte und Reiseführer und Karten und Fotos von Straßen und Wegen und Bergen und Seen und zauberhaften Dörfern und Segelbooten, und dass ich mir die *bange Stunde* ansehen wollte und nicht wusste, wohin mit dem ganzen Krempel, und alles in meine Handtasche gestopft habe, aus Versehen auch *Prag*.

Im Auto ist es drückend warm. Eine einschläfernde Hitze. Wir fahren auf einen Parkplatz, der von Bergen umgeben ist.

An der Raststätte wollen wir uns nach draußen setzen, dürfen aber nicht.

Die Saison ist vorbei, sagt der Kellner.

Also müssen wir rein, in einen heißen, beengten Raum, in dem zu viele Menschen sind und ein wüstes Stimmengewirr um die Tische sirrt.

Wir trinken Kaffee und essen Apfelkuchen mit Schlag.

Auf der Österreich-Karte sehen wir uns die Strecke von Linz nach Wien an. An der Donau steht in kleinen Buchstaben *Mauthausen*.

Wollen wir nach Mauthausen?, frage ich.

Muss das sein?, fragt er.

Zurück beim Auto öffnen wir die Türen, um Durchzug zu machen. Ich frage einen Mann bei einem Lieferwagen, ob es *das* Mauthausen ist, er seufzt Ja und erklärt uns, wie wir fahren müssen.

Ich kenne die *Mauthausenlieder* von Theodorakis. Ein einziges deutsches Wort kommt darin vor: *Wiener Graben*.

Der Graben ist eine Straße. Aber in dem Lied geht es um die Steintreppe des Lagers.

War Milena Jesenská in Mauthausen?

Nein, sie starb in Ravensbrück.

Gefunden im Januar 1971 zwischen Seite XCIV und XCV von Oswald Wieners *Verbesserung von Mitteleuropa* bei den Überschriften der Abschnitte

f) *spiele*

g) *das fest geht weiter.*

h) *der höhepunkt des festes nähert sich.*

i) *der höhepunkt des fes*

och nee.

Und um viertel nach fünf kommen wir den Hang hoch.

Zuerst fahren wir über die Schienen, und du sagst: Hier wurden sie mit dem Zug antransportiert.

Und dann geht es in kurzen steilen Kurven weiter nach oben. Wahrscheinlich war es vor 30, 28, 27 Jahren genauso: der Bauernhof, der Birnbaum, Kinder auf der Straße, Hunde, die auf einem Sack vor dem Haus liegen.

Der kleine Platz vor dem Lager ist menschenleer. Totenstille, als der Motor verstummt und die beiden Autotüren zugeschlagen sind.

Über dem Eingangstor hängt nicht der Spruch: »Arbeit macht frei«.

Neben dem Tor ein Schild: »Hunde verboten«.

Um den leeren Innenplatz führt ein Laufgang mit Geschütztürmen. Rechts sind riesige Tore in die Mauer eingelassen.

Wir steigen Treppen hinauf. Eine graue Wand entlang. Wie verbunden kann man sich mit solch einem Ort fühlen? Warum erstarren wir beim Gedanken an Menschen, die wir gar nicht hätten kennen können? Ich kenne den Menschen nicht.

Ich hangele mich an der Mauer hoch, sehe einen zweiten, mit Gras bewachsenen Innenhof, an einer Seite mit Stacheldraht abgesperrt. Durch das Gras schimmern noch die geraden Pfade zwischen den Massengräbern.

Der Eingang zum Lager ist geschlossen. Besuche lediglich bis fünf Uhr gestattet. Gut, dass wir das hier nur von außen erleben können. Ich springe von der Mauer und mache eine Räuberleiter für Kdoulička. Sie steigt auf meinen gefalteten Händen in die Höhe. Auferstehung. Messias. Messias? Ich kenne den Menschen nicht. Mich selbst? Ich kenne den Menschen nicht.

Der Verrat an anderen entsteht aus dem Verrat an sich selbst.

Eine Phrase? Und was hat dieses Fragment in dieser Vergangenheit nachträglich zu suchen?

Sie wiegt fast nichts. Ich kann sie tragen. Christophorus: »Die Bürde wird zur Gnade.«

Als sie sich aus meinen Händen losmacht, sehen wir uns verloren in die Augen. Was anfangen mit all den Toten?

Wir laufen umher, steigen Treppen. Über diese Treppen haben die Gefangenen schwere Felsbrocken auf den Schultern getragen.

Unten, wo wir von der Donaustraße abgebogen sind, liegen riesige Haufen Granit. Werden wir je wieder nach Hause kommen?

Wir reden nicht, wir wandeln im andern (später, in Wien, in der Nacht, bin ich glücklich in ihr) (später: Ich weine um die Unmöglichkeit von allem und allen, um das, was am Menschen verbrochen wird; etwas wächst zusammen, etwas entsteht, unüberwindbar, und wir können es nicht mehr entwirren: »Schicksal.«)

Schicksalsgebunden ist der, der in sich einen authentischen Mythos verwirklicht, an den er glaubt. Der schicksalsgebundene Mensch ist nicht frei. (Pavese)

Während wir an der Donau entlang weiterfahren, wird es Abend.

Der Erlkönig, sage ich.

Über der Aue treiben Nebelschwaden.

Das werde ich sagen, sagt sie, später. Später, wenn es schwierig wird, werde ich sagen: Nein, nein, es ist nichts, nur etwas Dunst, es ist ein Nebelstreif.

Wir wollen gehen. Der Sonnenuntergang ist einer der schönsten, die ich je gesehen habe.

Als wir das Lager verlassen und unter der Pforte durchlaufen, fällt mir aus dem Gewölbe ein Tropfen auf den Kopf. Ich sage Didier nichts davon, was würde ich damit sonst wieder lostreten? Es kann ein Tropfen Lehm sein, der jetzt, bleich wie mein Haar, auf meiner Kopfhaut zerfließt. Bliebe ich unter dem Gewölbe stehen, würde der

Lehm mich irgendwann ganz bedecken. Dann könnte ich die Schwachen beschützen oder mir machtlos mit den Händen gegen die Stirn schlagen wie der Golem. So oder so, ich bin gezeichnet.

Es wird Abend. Wir fahren weiter. Am Fuß des Hügels fließt die Donau. Breit und gemächlich. Sie erinnert an die Schelde bei Sint-Amands, an Ruhe, Frieden, aber auch an Modder und Müll, und an Emile Verhaerens Grab, das so nah am Wasser liegt, dass bei Springflut sicher der Strom über den Grabstein klettert und die Buchstaben untertaucht: *Ceux qui vivent d'amour, vivent d'éternité.*

Es ist schon fast dunkel. Die Stromschnellen bei Grein werden wir nicht mehr zu sehen bekommen.

Einmal kam Kafka mit dem Zug aus Wien zurück. Er hatte da Milena Jesenská liebgehabt und sich wieder von ihr verabschiedet. In Bahrs Tagebuch las er die Beschreibung von Grein an der Donau. Und als er durchs Fenster sah, fuhr gerade ein Zug vorbei, auf dem stand: Grein.

Und hier haben wir so eine kleine, verschlungene Nebenstraße mit gelben Herbstblumen im Scheinwerferlicht und weißen Bauernhöfen und gelben Häuschen und ab und zu ein wenig Straßenbeleuchtung, die in der Dämmerung noch grün wirkt.

Wir fahren viel zu schnell.

Langsamer, sage ich, schau doch.

Rechts sind Wiesen mit kleinen Bäumen, vielleicht

Kopfweiden, wir können es nicht genau erkennen wegen der Dunkelheit und vor allem wegen des Nebels. In Streifen liegt er über der Uferböschung.

Wir können den *Erlkönig* noch fast komplett auswendig. Der Vater, der mit seinem todkranken Kind mitten in der Nacht über eine Wiese mit Kopfweiden reitet. Vater, Vater, da ist der Erlkönig. Nein, nein, mein Kind, das ist nur ein Nebelstreif.

Nein, nein, Vater, Erlkönig fasst mich an, er tut mir weh. *Erlkönig hat mir ein Leids getan.*

Er tut mir weh, denke ich. Nicht heute, nein, das ist erst der Anfang. Aber das furchtbare Ich-weiß-nicht-was, das kommt noch. Etwas braut sich zusammen, die kleinen Ereignisse häufen sich und greifen ineinander wie die Glieder einer Kette, sie werden fest zusammengeschmiedet, und was am Ende der Kette angebunden ist, wer weiß das schon?

Und ließe sich das Schmieden der Glieder noch stoppen? Oder will ich das gar nicht? Will ich im Gegenteil *lässig* und träge zusehen, was das Schicksal mit einem Menschen vorhaben kann? Ist es mir recht, mich in die Inszenierung zu fügen? Es der Vorsehung leichtzumachen, mir die passende Rolle zuzuweisen? Und warum stelle ich mir ein schreckliches Ende vor? Weil Professor Herman so oft über die, wie er es nannte, *grausame Verkettung der Ereignisse* gesprochen hat?

Grein war früher die letzte Anlegestelle der Schiffer, bevor sie sich in den Strudengau wagten, die Stromschnellen bei der Bösen Beuge: Persenbeug.

Meine verklärten, mythomanischen Gedanken sind ganz fehl am Platz. Didier hat offensichtlich gute Laune. Er singt aus vollem Hals, durch die offenen Fenster zieht es in den Abend: *Er ist ein guter Mensch, aber er hat keine Moral*, Bertolt Brecht, wie er sagt.

Wien ist nicht mehr weit. Ich wünschte, ich könnte noch ewig mit Didier im Auto sitzen.

Es wird hier viel früher dunkel als in Belgien. Wir fahren ja auch nach Osten. Der Mond geht auf. Ich mag den Mond, besonders, wenn er voll und gelb am Himmel steht. Ich mag es, wenn er um das nächtliche Haus wandert. Manchmal, wenn ich extra für ihn aufstehe, beobachte ich durch die Vorhänge den verrinnenden Mondstand. Didier mag den Mond nicht. Er ist skeptisch, was er wohl mit den Menschen macht, wenn man bedenkt, was er mit dem Meer anstellt.

Und wir erzählen uns Mondgeschichten, alte Werwolflegenden, die wir mit pathetischem Tonfall und suggestiven Gesten sinister ausschmücken.

Ich habe einen Vers für dich, sagt er:

Der Mond, der Monat wird älter,
das zwölfte Mal, dann ist es aus.

Das ist ein Vers von Alexander.

Alexander wer?

Nur Alexander. Ich gebe es dir in Wien mal zu lesen.

Noch zwanzig Kilometer. Das Radio gibt keinen Ton von sich. Erzähl was über Wien, bittet er mich.

Es hieß Vindobona, als die Römer noch da waren. Das habe ich in den Reiseführern nachgelesen.

Im Mittelalter stand auf dem Hohen Markt ein großer Korb, in den man die Bäcker steckte, die schlechtes Brot verkauften. Unter dem Johlen der Menge wurde anschließend der Korb in die Donau geworfen.

Und in Prag passierte mal etwas Ähnliches. Da wurde Johannes Nepomuk in die Moldau geworfen, weil er sich weigerte, dem König das Beichtgeheimnis der Königin zu verraten.

Und beim alten Rathaus sind 27 Kreuze ins Pflaster eingelassen. Dort wurden 27 führende böhmische Standesherren aufgeknüpft und ihre Leichen zehn Jahre lang hängen gelassen, Sonne und Mond ausgesetzt, als abschreckendes Beispiel für die anderen, die sich ohne Protest und erkennbaren Missmut in sklavischer Untertänigkeit dem Gesetz unterwerfen sollten. Und wer sich nicht unterwerfen wollte, stieg auf die Fensterbänke des Hradschin und spielte mit dem Gedanken, in die Tiefe zu springen. Die Arme ausgebreitet, sahen sie aus wie große Vögel, die alles Leid und alle Schuld in die tiefe Vergessenheit des Abgrunds mitnahmen. Alle alten Städte haben ihre Symbole. Von so vielen Ereignissen zeugt das Gemäuer! Man muss nur durch alle Zufälligkeiten zum Kern durchdringen, bis das Wesentliche und unmittelbar Bestimmende übrigbleibt.

Die Autobahn endet im Chaos, einem dunklen Niemandsland aus Gras und Düsternis und einer Holzbaracke, die sich als Fremdenverkehrsbüro entpuppt.

Wir fragen nach dem Weg zum Kongressgebäude. Da seien wir im Nu. Einfach immer geradeaus. Es liegt an einer endlosen, breiten, ockerfarbenen Straße mit ruhigem, fast schon ländlichem Flair.

6

Der Steppenwolf kann vor dem Selbstmord
gerettet werden durch das Mädchen Hermine.
Frei nach Hermann Hesse, *Der Steppenwolf*

Das Kongressgebäude ist ein in die Breite gezogenes Renaissanceschloss mit einer Toreinfahrt zur Straße hin, dahinter, zwischen einer Freitreppe und einer Grasfläche, die im Dunkel hoher Bäume verschwindet, liegt der Parkplatz.

Weiße Flecken Mauer und erleuchtete Fenster schimmern durch die Bäume, die Wegweiser verraten, dass sich dort Ferienwohnungen und Pensionszimmer befinden.

Wir melden uns bei der Rezeption als die belgische Delegation an.

Mit uns ist der Kongress vollzählig, alle anderen Teilnehmer sind schon im Laufe des Tages angekommen und haben sich während der Eröffnungsveranstaltung miteinander bekannt gemacht. Heute Abend würden wir kaum noch jemanden treffen, alle seien für eine Stadterkundung unter der Leitung des Kongressvorsitzenden ins Zentrum gefahren.

Ob wir Hunger hätten? Wir könnten uns in der Schlossküche Tee machen und Brote schmieren.

Übernachten Sie zusammen oder getrennt?

Getrennt, sage ich, denn das scheint mir naheliegend, wo doch hier ganz offensichtlich kein Mangel an Unterkünften herrscht.

Wir bekommen jeder einen Schlüssel.

Nachdem wir die Koffer aus dem Auto gehievt haben, gehen wir artig auf den Parkwegen auf die erleuchteten Gebäude zu.

Didier will, dass wir uns sein Zimmer als Erstes ansehen.

Er dreht den Schlüssel im Schloss, tastet nach dem Schalter, und als das Licht anspringt, sehen wir zwei Betten, einen Schreibtisch, zwei Stühle, Leselampen, ein Waschbecken.

Auf dem einen Bett liegen Socken, eine Krawatte und ein Herrenhut, dieses Quartier beherbergt also vermutlich einen älteren Kongressteilnehmer. Ich will mich zu Didier umdrehen und ihn anlächeln. Wer weiß, in welcher Gesellschaft ich lande?

Aber er greift mir ohne Vorwarnung ins Haar, packt mich bei der Schulter, zieht mich an sich und murmelt etwas, was ich nicht richtig hören kann.

Was?, frage ich.

Ich kann das nicht, sagt er.

Er zieht mich aus dem Licht des Zimmers weg, lässt die Tür ins Schloss fallen.

Lass uns gehen, sagt er. Egal, wohin. Zur Not in ein Hotel. Aber ich kann das hier nicht. Ich kann nicht zehn Tage in diesem Zimmer verbringen. Ich will mich keinen fremden Menschen mehr anpassen müssen.

Sein entsetztes Gesicht erschreckt mich.

Auf dem Rückweg zum Hauptgebäude wird mir der Koffer zu schwer. Didier trägt ihn für mich.

Wir nehmen doch ein Doppelzimmer, sage ich bei der Rezeption, das heißt, wenn Sie noch eins haben.

Es wird nicht gefragt, wie und warum, es wird auf der Liste nachgesehen und genickt und gelächelt.

Ich liebe Wien jetzt schon.

Und das ist Maria, sagt der Mann am Empfang. Haben Sie Ihre Telefonverbindung bekommen, Maria?

Jaja, sagt Maria, ich habe gekriegt, ja.

Sie hätten eigentlich zu mir aufs Zimmer kommen sollen, sagt sie zu mir, aber das konnte ich Ihnen vorhin nicht erklären. Da war meine Mutter aus Polen am Apparat. Ich studiere noch und bin zum ersten Mal im Ausland.

Ihr Deutsch ist Flickwerk. Ich kann nur mit äußerster Konzentration verstehen, was sie erzählt.

Ich sehe Sie bei Frühstück morgen, sagt sie, dann wir sprechen.

Etwas verloren spazieren Didier und ich über die Parkwege.

Uns kann nichts passieren, denke ich, wenn man zusammen sehr, sehr jung war, weiß man viel über den anderen, man ist zu zweit vollkommen sicher, kann unbesorgt davon ausgehen, dass die Tage friedlich und freundschaftlich verlaufen.

Zwölf Tage im selben Zimmer, sage ich. Bald habe ich keine Geheimnisse mehr vor dir.

Wie meinst du das?, fragt er.

Du lernst mich zu schnell kennen. Und sobald es an mir nichts mehr zu entdecken gibt, findest du etwas anderes interessanter.

Er schließt unser Zimmer auf. Ich nehme das Bett am Fenster, er das an der Tür. Wir teilen den Schrank und die Handtuchhaken am Waschbecken auf. Dusche und Toilette sind am Ende des Ganges.

Wir breiten unsere mitgebrachten Bücher auf dem langen Schreibtisch aus. Er hat die deutsche Ausgabe von Paveses *Handwerk des Lebens* dabei, andere Übersetzungen waren noch nicht auf dem Markt, und Navratils *Schizophrenie und Sprache*. Er zeigt mir die Zeichnungen und Gedichte der Mondsüchtigen.

Hier, sagt er, das Mondgedicht von Alexander:

Der Mond – am Himmel stets
Begleiter der Erde ist,
wird Alt und Jung zugleich.
Je wenn es kälter wird die rote
Sichel rundet sich.

Der Mond, das Monat ältert
sich.
Das zwölft Mal dann ist es zu Ende.

Wir wollen heute Abend noch in die Stadt, ein bisschen herumschlendern und uns unterhalten.

Draußen ist es mild, der Sommer kann sich dieses Jahr nicht entschließen, zu Ende zu gehen, dabei sind wir schon in der zweiten Septemberhälfte.

Wir setzen uns in den Anglia.

Nach all den Kilometern, die wir gemeinsam zurückgelegt haben, fühlt sich das wie unsere Bestimmung an: im Auto sitzen, den Zündschlüssel drehen, den Motor starten hören und darauf warten, dass er gleichmäßig läuft.

Eigentlich sind wir müde und könnten sicher problemlos einschlafen, aber wir finden es dafür noch zu früh.

Am Ende der Einfahrt biegen wir rechts ab. Linzer Straße, Eisenbahnbrücke, Mariahilfer Straße, Kunsthistorisches Museum, Opernring, Staatsoper.

Es kommt mir fast vor, als wären wir früher schon hier gewesen, allerdings könnte ich Didier den Weg auch mit verbundenen Augen sagen, so oft wie ich mir den Stadtplan angesehen habe!

Er blüht auf, weil wir alles so mühelos finden, die Stadt scheint sich für uns zu öffnen, uns aufzunehmen, sich nach unseren Wünschen richten zu wollen.

In der Kärntner Straße parken wir das Auto, drehen eine Runde um den Stephansdom, der um diese Uhrzeit geschlossen ist.

Es ist nicht viel los. Wir möchten ein Lokal finden, am liebsten sofort das richtige, damit uns Notlandungen an Orten erspart bleiben, wo wir es ohnehin nicht länger als eine Viertelstunde aushalten würden.

Wir warten auf Passanten, die aussehen wie wir.

In was für ein Lokal wir denn wollten?

Eins, wo man sich gut unterhalten kann.

Da gäbe es ein Wiener Kaffeehaus in der Nähe, Hawelka in der Dorotheergasse, eine Seitenstraße vom Graben, gleich um die Ecke, beim Stock-im-Eisen-Platz.

Dort setzen wir uns rein und sehen uns träge und zufrieden die Menschen und die Wände an, die Getränke und Zeitungen, die Tische und Stühle im Thonet-Stil, die Ausstellungs- und Theaterplakate, die Zeichnungen und Gemälde, die von Hausner oder Hundertwasser oder deren Schülern stammen könnten und wahrscheinlich als Zahlungsmittel hiergelassen wurden.

Als wir aus dem Café kommen, sehen wir an der Eingangstür des Hotels gegenüber ein Schild: *Franz Kafka und Max Brod waren hier mehrfach zu Gast.*

Die Stadt ist noch dunkler und stiller als vor einer Stunde. Sie zeigt uns nur ihre Schatten, undeutliche Umrisse von Torbögen, Kuppeln, Hausfassaden, Figurengruppen, die uns heranwinken, aber zu weit weg bleiben, um ihnen wirklich nahe zu kommen. Obwohl ich die Namen ihrer Straßen auswendig kenne, gibt die Stadt ihre Schätze noch nicht preis.

Vor dem Schlafengehen muss er noch einen Blick in Pavese werfen, ein paar Sätze unterstreichen und mir das eine oder andere vorlesen:

Man kann einen Nagel mit dem andern herausschlagen. Aber vier Nägel machen ein Kreuz.

Das will ich mir genauer ansehen.

Er unterstreicht das *in* von *ein Kreuz*.

INRI, sagt er, wie die Namensschilder in Salzburg.

Vielleicht erwartet er, dass ich jetzt nachfrage, was er meint. Ich gähne und sage hm und bitte ihn nicht um eine Erklärung, jeder hat seine eigenen Assoziationen, wenn er einen bestimmten Autor liest, und es ist spät und ich will schlafen und ziehe in meinem weichen Bett am Fenster die Daunendecke so hoch, dass ich kein Licht und keinen Didier mehr sehe, und schlafe wohlbehütet, wenn auch unruhig wegen Salzburg, drei Meter entfernt von meinem treuen alten Freund ein.

Mitten in der Nacht schrecke ich hoch.

Er steht neben dem Bett und rüttelt an meiner Schulter.

Ein merkwürdiges Pochen irgendwo, denke ich, richte mich auf und lausche.

Wie spät ist es?

Kurz vor fünf, sagt er.

Hast du noch gar nicht geschlafen?

Doch, aber ich musste zur Toilette, und jetzt kann ich nicht mehr einschlafen.

Oh, sage ich.

Komm zu mir, sagt er. Mir ist kalt. Ich hab Angst.

Natürlich hat er schlecht geträumt. Ich bin auch schon tränenüberströmt wach geworden und habe mich nicht getraut, wieder einzuschlafen, aus Furcht, denselben Alptraum noch mal durchleben zu müssen.

Ist ja gut, schon gut, flüstere ich, beruhige dich.

Kleinen Kindern streichelt man über den Kopf, um ihre Sorgen zu vertreiben, aber Erwachsene haben andere Riten und Symbole.

Er kniet auf mir wie auf Grundbesitz, als wäre das so vorbestimmt, und wir hätten bloß zu gehorchen.

Aber danach verbirgt er das Gesicht in meinem Haar und weint, weint, als würde ihm das Herz brechen.

Was ist denn? Was ist denn nur los?

Nichts, sagt er, gar nichts. *Eros thanatos.*

Ich verstehe es nicht richtig, seine Stimme ertrinkt in meinem Haar.

Das war's, sagt er, jetzt gibt es gar keinen Ort mehr, an den ich noch fliehen kann.

Meine Arme sind tränennass.

Ach, der junge Kornett, denke ich. Der nach der Liebe die Frau im brennenden Schloss zurücklässt und am frühen Morgen, *Morgenrot, Morgenrot, leuchtest mir zum frühen Tod*, auf sechzehn Säbel aufgefädelt wird.

Und ich sage vorwurfsvoll: Wie alt bist du eigentlich?

Sechzehn? Und meinst du, du müsstest dich allem stellen? Und dass die Welt voller Möglichkeiten steckt?

Ja.

Aber gleichzeitig bist du erwachsen, über dreißig, und weißt, dass die Möglichkeiten dir nur Verluste beschert haben?

Ja.

Aufrecht im Bett, seinen Kopf in meinem Schoß, der nach ihm riecht, wiege ich ihn hin und her und erfinde Lieder für ihn und frage mich, woran er jetzt wohl denkt: Dass wir in einem Schloss übernachten? Dass ich die letzte Frau in seinen Armen bin, endgültig?

Ich weiß nicht, wie ich ihn trösten soll. Vielleicht mit *Aux marches du palais*: über zwei Liebende und ein Schloss. Und in dem Schloss steht ein Bett. Und durch das Bett läuft ein Fluss. So tief, dass alle Pferde des Königs auf einmal daraus trinken können.

Als wir aufwachen, scheint schon wieder die Sonne. Wer steht als Erstes auf und darf ans Waschbecken? Er ist schon aus dem Bett gesprungen, greift nach der Zahnbürste und grinst breit. Die Alptraum-Nacht scheint wie weggeblasen. Er singt und schickt mich, die ihn zu mehr Tempo drängt, weil die Frühstückszeit gleich vorbei ist, zurück unter die Decke oder notfalls an den Schreibtisch, wo ich für den ersten Vortrag noch ein bisschen vergessene Terminologie auffrischen darf.

Täglich muss ich mich jetzt sputen und hetzen, sobald

er zur Tür raus ist; ergattere mit knapper Not noch ein halbes Brötchen und ein kalt gewordenes Ei und schlüpfe unter den Augen Dutzender pünktlicher Intellektueller, die mir mit einem anmutigen Lächeln zu verstehen geben, dass ich den aktuellen Sprecher störe, in den Vortragsraum.

Du schläfst zu lang, sagt Didier tadelnd.

Allerdings hält er mir einen Platz an seiner Seite frei. Und da sitze ich dann und sehe und höre all die illustren Menschen, und mir wird bewusst, wie wenig Raum die vielseitigen, aber auch zermürbenden Aufgaben in Familie und Beruf mir gelassen haben, mein intellektuelles Niveau zu halten. Doch Didier sorgt dafür, dass keiner von uns das Gesicht verliert. Er kennt sich bestens mit allem aus, was in und außerhalb Europas vor sich geht, findet spontan die treffenden Worte und souffliert mir sogar passende Antworten, wenn von mir erwartet wird, mich an der Diskussion zu beteiligen.

In solchen Momenten intellektueller Verunsicherung finde ich Trost darin, Marias Gesicht zu beobachten. Bestimmt entgeht ihr mit ihrem Flickwerkdeutsch nicht die kleinste Bewegung der launischen Fliege, die um die klugen europäischen Köpfe schwirrt. Aber wir lernen ja ständig dazu.

Mittags gibt es Böhmische Knödel, *knedliky,* ich finde sie köstlich, Didier weniger, aber ich habe mich als Kind auch praktisch von nichts anderem ernährt.

84

Weil wir gestern nicht da waren, lernen wir die anderen heute kennen. Maria führt uns von Tisch zu Tisch, sie hat diesen slawischen Akzent, den ich schon so lange nicht mehr gehört habe. Ich stelle mir vor, wie sie die allabendlichen Worte meines Vaters auf Deutsch sagt: *Kiend, iest speht. Geh iens Beht.*

Oder am Jahresende, wenn nach altem böhmischen Brauch nur ganz bestimmte Geflügelsorten auf den Tisch kommen dürfen und mein Vater mit strengem Blick aus dem tschechischen Kochbuch übersetzt und meiner Mutter Anweisungen erteilt: *Louies, lehg Ganse mit Bruhst auf Pfahne.*

Bis zwei Uhr haben wir frei. Die Kongressteilnehmer schlendern in Grüppchen zu ihren Zimmern, um sich dort diversen Formen der Siesta hinzugeben.

Hast du mal einen Bleistift?, fragt Didier.

Er muss noch was bei Pavese unterstreichen: *Dass ich jetzt nicht mehr sterben will – was für ein Tod!*

Leg dich ein bisschen zu mir, sagt er.

Ich lese, was er unterstrichen hat, und frage mich, warum das Tragische immer so viel heiliger sein muss als das Unbeschwerte.

Streich mal die Falte auf deiner Stirn glatt, sagt er. Du brauchst dir über mich nicht den Kopf zu zerbrechen.

Ich sage nichts dazu und lasse mich von einem Schmetterling ablenken, der durchs Fenster geflattert kommt und schwebend das Terrain unserer Zweisamkeit erkundet. Und leider erinnert mich das an Filmbilder aus *Im Westen nichts Neues*, der junge Held, der eine Kugel in den Kopf bekommt, als er aus dem Schützengraben auftaucht, um einen Schmetterling zu streicheln.

Du bist so schön geworden, sage ich, viel schöner als früher.

Was?, fragt Didier.

Wo soll das hinführen, wenn du noch älter wirst?

Eine Tracht Prügel müsste ich dir verpassen, sagt er.

Aber warum denn? Didier, sieh mich nicht so an. Warum guckst du so?

Ach, ich kann einfach nicht damit umgehen, wenn du so was zu mir sagst. Du zwingst mich, wieder ganz von vorne anzufangen.

Und dann hält er mich, aber nicht wie letzte Nacht, sondern als müsste er noch etwas ganz anderes in meinem Innern durchbohren als nur mich, und er gießt seinen Kummer in mich aus, über jede Liebe, die Verzweiflung ist, und jede Freude, die Verzweiflung ist in den Gesichtern all derer, die leiden unter Schmerz und Krankheit, im Krieg und durch Unverständnis, Grausamkeit und Schwäche, Dank sei Gott dem Herrn und der Menschheit. Und dann die Kinder, die man zeugen soll. Und die man nicht zeugen kann. Nicht zeugen will. Denn wozu? Damit sie alt werden und krank werden, Unverständnis und Schwäche erfahren, nicht wissen, wohin, außer in einen sinnlosen Tod? Aber du, Hermine, du erlöst mich, du rettest mich. Rettest du mich? Rosa, Rosa,

Rosa. Wie hieß der Hutmacher noch mal? Rosak? Nein. Roos hat Blumen auf dem Hut. Hermine, singst du mir was von Roos? Es war einmal eine Frau, und die hieß Rosa. Warte, ich erzähle dir eine Geschichte.

Und er nimmt ein Buch, in Papier eingeschlagen, sodass ich den Titel nicht sehen kann: Du erkennst es sicher. Du weißt, wer es geschrieben hat.

Es geht um eine Frau, die Rosa heißt. Immer, wenn sie mit jemandem ins Bett geht, nimmt sie das Böse, das er in sich trägt, in ihrem Unterleib auf und löscht es aus. Sie darf nur nie ein Kind bekommen, sonst wird das Böse wiedergeboren.

Ich habe keine Ahnung, welches Buch das ist. Ich weiß, dass ich es schon mal irgendwo gehört oder gelesen habe. Aber nicht mehr, wo und wann.

Hermine, sagt er. Verstehst du, was ich sagen will, Hermine?

Ich lächele, als käme mir die Tiefe seines Leidens mit einem Mal bekannt vor, und ergreife die erstbeste Gelegenheit zur Flucht: Ich finde meinen Namen nicht besonders schön, sage ich, ich würde lieber anders heißen, nicht Hermine, sondern Jeanne …

Wie die Frau von Modigliani?, fragt er.

… sondern Jeanne, Jenny, Jehane, Jana, ich könnte auch *Kweepeer*
heißen.

Kweepeer, fragt er. Quitte?

Ja, meine belgischen Tanten haben immer Quitten-marmelade gemacht, als ich klein war. Seit damals habe ich nie mehr Quitten gesehen. Sie geben einem das beruhigende Gefühl von Reichtum im Küchenschrank und Sättigung, allen Katastrophenmeldungen zum Trotz. Ich mag Quitten.

Ich auch, sagt er. Was heißt Quitte auf Französisch, meine Quitte?

Coing.

Und auf Englisch?

Quince.

Und auf Tschechisch?

Das weiß ich nicht.

Ich sehe in der Vokabelliste nach, die ich in der Hoffnung mitgenommen habe, in den freien Stunden ein paar Wörter meiner Vatersprache lernen zu können.

Es klingt eigentlich nicht so schön, sage ich.

Wie denn, meine kleine Quitte?

Kleine Quitte ist hübsch, sage ich. Dann hänge ich mal –itschka hinten dran, und das Anlaut-K wird eigentlich nicht gesprochen.

Ich schreibe es auf einen Zettel: Kdoulička.

Kdoulička, sagt er. Weißt du noch, als dein Name Hermine war? Und du in deiner blauen Jacke mit den silbernen Knöpfen zum Bahnhof kamst? Und weißt du noch Kafka und Heym und Trakl und Rilke? Und die *grausame Verkettung* von eigentlich harmlosen Ereignissen?

Natürlich ist das hier eine *Verkettung*, sage ich, alles,

was wir bisher erlebt haben. Aber, bitte, lass es keine *grausame* werden.

Nein, sagt er. Wir zwei sind doch hier, um Wien zu genießen.

Ich will Wien sehen. Heute Nachmittag gehe ich nicht zu den Vorträgen. Ich will kurz von Didier weg, schon allein, um wenigstens ansatzweise das Versprechen der Hinfahrt einzulösen: Jeder geht seine eigenen Wege, und am Abend erzählen wir uns, was wir erlebt haben.

Vor der Toreinfahrt warte ich auf die Straßenbahn. Es ist schwülwarm.

Ein paar Frauen mit Einkaufstaschen steigen ebenfalls ein, sie plaudern freundschaftlich und ohne Luft zu holen über den Zustand der Außenbezirke und nicken und lächeln, als wären sie ausnahmslos ein und derselben Meinung.

Müsste ich nicht eigentlich bezahlen?, frage ich die Frau neben mir.

Nein, sagt sie, das ist der zweite Wagen, hier haben alle eine Fahrkarte. Wer keine hat, steigt im ersten Wagen ein. Da kann man bezahlen. Und wo kommen Sie her? Aus Belgien? Na, so was.

Die Neuigkeit wird an die Straßenbahnbevölkerung weitergegeben. Die eine oder andere nimmt an, ich sei gekommen, um Musik zu studieren. Gemeinsam wird überlegt, wo ich am besten aussteige, um diese schöne, beliebte Stadt zu besichtigen.

Die Frau geht mit mir über den Ring, begleitet mich bis zum Heldenplatz und zeigt mir, wo ich heute Abend die Straßenbahn zurück nehmen muss: Bellariastraße, Straßenbahn 49. Ich schreibe es mir auf, damit ich es auch bestimmt wiederfinde.

Lange schaut sie mir nach und winkt, bis wir beide zwischen den Passanten verschwunden sind.

Kutschen fahren durch die Hofburg-Landschaft aus Gebäuden und Plätzen. Die Sonne setzt sich strahlend auf das gelbe Kleid und den Hut einer Touristin mit bildschönen Liebhabern.

In der Burgkapelle heiratet ein Herzog, Passanten drängen sich vor der kleinen Kirche, um die Vogelstimmen der Wiener Sängerknaben zu hören, die die Feierlichkeit besingen.

Ich gehe unter der Kunstschmiedearbeit im Michaelertorbogen hindurch. Behutsam bahnen sich ältere Herrschaften ihren Weg durch den Straßenverkehr, und wenn sie in einem Entgegenkommenden einen Ausländer erkennen, werden sie plötzlich wieder jung und zeigen munter auf die Pracht und Herrlichkeit von früher, die in den Familienannalen noch immer als modern geführt wird.

Ich überquere die Straße zur Michaelerkirche, will auf den Kohlmarkt abbiegen, neben der Kirche ist zwischen zwei Häusern ein Durchgang. Mit einem Mal wird die Stadt schmal, monochrom und hoch. Die Sonne dringt nicht mehr durch. Das Straßenpflaster ist kühl und die

Häuser sind verwinkelt, als wären sie hier und da zurückgewichen, um einem einsam herumstreunenden Hund Platz zu machen. Hinter grauen Fenstern spielt jemand streng und ermüdend Klavier. Die Töne haben sich verfangen, bleiben wie ein schmiedeeisernes Glockenspiel um den Ölberg hängen, das spätmittelalterliche Kreuzweg-Relief an einer der Kirchenmauern, in dem Jesus von einem Leid zum nächsten schreitet und in seinem Unglück so unscheinbar wirkt, dass ich ihn unter den vielen in Stein gehauenen Menschengestalten kaum erkenne.

Ich versuche, mir für Didier zu merken, wie er aussieht und was er macht, verliere ihn aber immer wieder aus den Augen. Und lange hier zu bleiben, ist ausgeschlossen; man könnte für etwas gehalten werden, was man nicht ist: eine Bettlerin beim Dienstboteneingang von damals; wie gern würde ich die Stadt um die Gunst anbetteln, mir ihre tiefsten Geheimnisse preiszugeben. Aber auf einem Schild an einer Häuserfront ist zu lesen, Betteln und Hausieren sei verboten. Hier gibt man nichts und nimmt nichts in Empfang.

Hinterm Kohlmarkt, am Zuckerbäcker Demel vorbei, der seine erlesenen Raffinessen hinter milchigen Schaufensterscheiben vor mir versteckt und mit Girlanden aus unwirklichen grünen und rosafarbenen Pralinen tarnt, die vermutlich auf alten Porzellantellerchen serviert und mit winzigen silbernen Messern und Gabeln gegessen werden, liegt der Wiener Graben, wo die Straßenarbeiter den Verkehr auf den Kopf stellen und Holzplanken über Löcher und Rohrleitungen legen und überall Staub und Kies verteilen und den Frauen mit ihren Kopftüchern hinterhersehen, die auf dem Weg zur prunkvollsten aller Wiener Kirchen sind, der Peterskirche. In deren goldenem Dämmerlicht setze ich mich vor den Nepomuk-Altar und sehe mir die Darstellung des törichten Heiligen an, der in die Vltava geworfen wurde. Die Frauen von vorhin sind auch da. Das Gesicht mit den Händen bedeckt, wetteifern sie um die Gunst des barocken Gottes, der in diesem strahlenden, bunten, stuckbesetzten Kuppelbau lebt wie im Palast einer faulen, reichen Kurtisane, die Königin geworden ist.

Ach, das ist nicht Wien. Allein finde ich die Stadt nie, niemals. Didier muss mitkommen und seine Hand auf meine Schulter und seine Gedanken in meinen Blick legen.

Hier ganz in der Nähe ist die Dorotheergasse. Bei Hawelka servieren sie Wasserkaraffen zum Kaffee. Und ob ich warme Buchteln essen möchte? *Buchty* hat meine Mutter immer für meinen Vater gebacken. Oder waren es *Koblihy*, oder *Palačinky*? Ich weiß es nicht mehr. Es ist lange her.

Herr Ober zeigt auf die Tische und Stühle und sagt: Hier ist seit Anfang des Jahrhunderts alles unverändert geblieben.

Dann war mit Sicherheit Milena Jesenská hier und hat auf meinem Stuhl oder auf dem roten Sofa an der Wand gesessen, Kafkas Hand gehalten und gesagt: Ich bin eine verheiratete Frau. Nicht einmal Ihretwegen kann ich meinen Mann verlassen.

Ich sehe auf dem Stadtplan nach, wo ich jetzt hinmuss.

Ich gehe zur Herrenstraße. Ob früher in diesem verfallenen Durchhaus das Café Herrenhof die Dichter mit Wärme und Liebe versorgt hat? Ein Schild warnt davor, dass die Passage zur anderen Straße, an heruntergekommenen Gängen, Balustraden und schmiedeeisernen Schächten vorbei, auf eigene Gefahr erfolgt. Es erinnert mich an Prag, das ich nur aus den wenigen Geschichten meines Vaters und denen von Meyrink, Kafka, Kisch, Janouch, Urzidil, Haas oder Daisne kenne.

Es wird dunkel. Wien zündet seine Straßenlaternen an. Sie brennen ganz zauberhaft bei der Minoritenkirche, der Kirche der Italiener, die Gott weiß wie hier gelandet sind und über den Dielenboden schleichen und die Hand nach der alten polychromen Madonna ausstrecken.

Ich verirre mich im Volksgarten, wo zur Schließzeit die älteren Damen und Herren noch immer auf ihren Gartenstühlen sitzen und sich die Fransen ihrer Häkelschals an die schlaffen Hälse pressen, um sich vor dem Wind zu schützen, der sie spielerisch angreift. Manchmal stehen sie auf und schlendern zu einem Stuhl etwas näher beim Ausgang, und hin und wieder unternehmen sie eine kleine Reise und besuchen das zwischen Bäumen und Büschen versteckte *Pissoir*. So steht das Wort in Großbuchstaben auf einem Schild, und daneben steht die Dame mit dem Handtuch, die über die menschlichen Nöte lächelt und glücklich ist, sich in Zeiten von Überbevölkerung und anderem Elend einen Platz in der ersten Reihe sichern zu können.

Ich nehme die Straßenbahn an der Bellariastraße und steige in den zweiten Wagen, weil ich zu müde bin, nach meinem Geld zu fischen.

Das Abendessen habe ich verpasst, aber ich bekomme trotzdem noch Brot und Tee.

Mit mir am Tisch sitzen drei ebenfalls verspätete Polen. Sie sprechen ein paar Brocken Englisch, Französisch und Deutsch, und morgen wollen wir auch noch Maria und *friend of you, Freund von Sie* in unseren kleinen Kreis aufnehmen.

Ich gehe aufs Zimmer. Didier schreibt gerade einen Brief. Ich erzähle ihm, was ich alles gesehen habe.

Er ist aufgewühlt, weil ich so lange weg war, als hätte er auf mich verzichten müssen, als wäre ich unverzichtbar für ihn, zumindest in Wien.

Wir fahren in die Stadt, parken gegenüber dem Warenhaus Herzmansky am Ende der Mariahilfer Straße. Auf dieser Straße mit dem schicksalsträchtigen Namen ist Gérard de Nerval herumspaziert und hat seine Freundinnen beweint. *Maria hilf*, und sie half, sowohl beim Schreiben von *Aurélia* als auch bei dem Gang, der ihn zur Rue de la Vieille Lanterne in Paris führte.

Uns soll unser Gang zur Strudlhofstiege führen, denn die ist laut Reiseführer im Herbst besonders schön und heimelig. Aber es ist zu weit. Im Dunkeln ähnelt sich alles zu sehr. Wir finden sie nicht.

Es sind kaum Menschen auf der Straße, und die, die doch noch unterwegs sind und längst überfällige Kinder vor sich hertreiben, wissen nicht, wo sie ist. Wir können bloß beisteuern, dass sie irgendwo im Bezirk Alsergrund liegen muss, und dass die Wiener Hügel vermutlich dort anfangen, denn die Strudlhofstiege hat viele Stufen.

Also machen wir kehrt und erreichen mit lahmen Beinen den Graben, wo wir in die Straße zum Hawelka einbiegen.

Ich kenne in Europa keine andere Stadt wie Wien, diesen alten, zauberhaften Schauplatz von Glanz und Gloria vergangener Tage, von überaltertem Schmerz, Nostalgie und Trägheit, von Müdigkeit, Lässigkeit, Sanftmut und jungen Helden, die sich der Macht des Schicksals anvertrauen.

Herr Ober fragt, ob wir dasselbe trinken möchten wie gestern.

Wir versuchen, das Kreuzworträtsel in der Zeitung zu lösen. Morgen ist Sonntag. Sollen wir in die Berge fahren?

Und die Polen?

Die sehen wir dann halt übermorgen.

Ich kritzele Häuser, Bäume und Blümchen an den Rand der Zeitung, und er malt Kreise mit Pfeilen und schreibt LOVE in einen der Kreise und dreht das Wort um, und es wird zu EVOL; ist ja verrückt, fast *Evolution* oder *s'envoler*, und er zieht einen Pfeil hindurch, der Gott weiß wo endet.

Und wir sind glücklich und reiben uns die müden Füße, und er reibt sich die müden Augen, was ich auch gern tun würde, aber nicht kann, denn ich habe ihnen mit den handelsüblichen raffinierten Mitteln zu mehr Expressivität verholfen.

Komm, sagt er, und wir gehen, und ich glaube, wir erleben etwas im anderen, was man nicht Liebe nennen kann, nicht Verliebtheit oder Zärtlichkeit, eher, wie soll ich es ausdrücken: Versuch, Verbindung, Vergangenheit, Sein, Werden, Ende.

Die Nacht ist sanft und warm. Bei der Staatsoper sitzt Goethe in Bronze auf seinem Stuhl und starrt zur anderen Seite hinüber.

In allen Geschäften der Passage hängen Fotos von Jochen Rindt und Hildegard Knef.

Jochen Rindt ist bei einem Formel-1-Rennen gestorben, aber Hildegard Knef schenkt der Stadt weiterhin ihr hübsches, weises Gesicht und lebt, allen Schicksalsschlägen zum Trotz. Ich bin schon jahrelang auf der Suche nach *Alraune*.

Und Didier singt: *Ich hab' noch einen Koffer in Berlin*, was sicher hoffnungsvoll, aber doch eher von Marlene Dietrich ist.

Sonntagmorgen. Unter Glockengeläut fahren wir aus der Stadt. Die Sonne steht über den Weinfeldern. In den Wäldern sickert Harz aus den Bäumen und tropft in hölzerne Näpfe.

Wir fahren zur Hohen Wand. Horden österreichischer Familien besteigen mit ihren Rucksäcken und Omas die Berge.

An einer Holzhütte kaufen wir Salamibrote und Bier. Wir halten nach Hirschen Ausschau, und manchmal bilden wir uns ein, ihre schnellen Hufe zu hören. Er bringt mir bei, wie man flache Kiesel übers Wasser springen lässt.

Von Puchberg fahren wir nach Schneebergdörfl, damit ich auch ganz bestimmt mal in der Nähe eines schneebedeckten Bergs gewesen bin.

Je näher wir ihm kommen, desto höher und dunkler steigt der Berg an. Ganz oben liegt grauer Schnee. Manchmal verläuft der Weg so, dass wir den Berg im Rücken haben, und wenn wir ihn dann nach minutenlanger Unterbrechung wiedersehen, merken wir, dass die Landschaft uns zu ihm hinaufführt, dass wir längst dabei sind, ihn zu besteigen. Er wird freundlicher, er wird heller, sein Schnee wird weiß.

Das Auto lassen wir bei einem Hotel stehen.

Wir laufen ein Stückchen schneewärts, dem schwachen Läuten der Kuhglocken nach, es gibt kein friedlicheres Geräusch auf Erden.

Flache, lila Disteln wachsen auf der Weide. Ich glaube nicht daran, dass ich jemals wieder hierher zurückkehre.

Oder wir sitzen unter hohen Bäumen, und während

die Sonne untergeht und Feuchtigkeit ins Gras zieht, verabreden wir: Wenn es einem von uns schlecht geht und er den anderen dringend braucht, dann rufen wir an oder schicken einen Eilbrief oder ein Telegramm, in dem wir einzig und allein das Codewort

»Kuhglocken«

benutzen.

Dann weiß der andere, es herrscht Not, und er muss sofort kommen, um zu helfen, um zu sagen, dass zehn Minuten Glück es wert sind, zehn Tage zu leiden. Wollen wir immer daran denken?

Ja.

Wollen wir uns versprechen, niemals etwas Unwiderrufliches zu tun, ohne dem anderen vorher Bescheid zu sagen?

Ja.

Wollen wir immer Freunde bleiben?

Ja.

Bis zum Tod?

Ja.

Wollen wir uns lieben, wenn wir wieder zu Hause sind und unsere eigenen Menschen liebhaben?

Ja.

Wie Paula Modersohn aus dem ersten Requiem von Rilke. Sie hatte mehr als ein Zimmer in ihrem Herzen, in dem sie liebhaben konnte.

Hast du Hunger?

Im Hotel gibt es Forelle.

Woher sprechen Sie so scheenes Deetsch?, fragt die Bedienung in breitem Dialekt. Sie sieht sich die Disteln an, die wir gepflückt haben, und beneidet uns darum, dass wir aus dem Ausland kommen und an Septembersonntagen nichts Besseres zu tun haben, als romantisch Blumen zu sammeln.

Vielleicht würde sie auch gerne mit jemandem Abmachungen für Notzeiten treffen und ewige Treue schwören und sagen: Ich weiß, du kommst mir sofort zu Hilfe, und sei es vom anderen Ende der Welt,

auf Krücken,

mit allen Ersparnissen,

mit Kopfweh, Fieber, Widerwillen, mit der Angst, nicht die richtigen Worte zu finden.

Draußen bricht die Nacht herein.

Wir legen die Disteln in den Kofferraum.

Über Neunkirchen fahren wir zurück, die Straße ist kurvig und hügelig. Der Mond wirft sein Licht auf weiße Hecken und gelbe Fassaden. Die Autoscheinwerfer gleiten über kleine Höfe und Bauernblumen, über gepflasterte Fußwege zu den Haustüren.

Im Dunkeln wirken Landschaften klein, sie schmiegen sich eng an die Menschen und bitten sie, noch einen Moment zu bleiben, was aber niemand tut.

Hast du noch immer Angst vor dem Mond?

Nein, es ist besser geworden.

Wir fahren auf die Autobahn und sitzen in einem kilometerlangen Stau Richtung Innenstadt fest. Es dauert eine ganze Weile, bis wir ankommen, aber uns kann nichts aus der Ruhe bringen. Wir haben uns den anderen so zu eigen gemacht, dass wir lange miteinander schweigen können.

Wien zeigt sich am Sonntagabend von seiner eleganten Seite. Vor der Oper schwatzt uns ein schwarzer Junge die *Express am Sonntag* auf. Seite eins titelt: »Die Welt der Popmusik trägt Trauer, Jimi Hendrix ist tot«.

Herr Ober Fritz fragt nicht mehr, was wir trinken möchten, er bringt es einfach, und wir sind ganz beglückt über seine Aufmerksamkeit. Er macht seinem Beruf wirklich alle Ehre.

Sie sehen gut aus, sagt er, wenn auch leicht zerzaust. An der frischen Luft gewesen?

Wir berichten von unserem Ausflug und sagen, dieses Land sei eine Pracht, sodass Herr Ober seinerseits Grund zur Zufriedenheit hat.

Didier und ich lesen gemeinsam die Zeitung.

Jimi Hendrix. Erst hat er seine Gitarren zerstört, dann sich selbst.

Auf Seite vier bemerkt Franco nicht, dass sich bei einer Sportveranstaltung in San Sebastian im Zuge eines heiligen Protestes für das Baskenland ein junger Mann vor seinen Augen das Leben nimmt.

Auf Seite dreißig legt sich »Der Mann, der alles falsch gemacht hat«, glücklicher Familienvater und tüchtiger Arbeiter, in seinem Sonntagsanzug auf die Gleise. In

Österreich vergeht kein Tag, ohne dass jemand den Freitod wählt.

Ich darf mir das gar nicht vorstellen.

Im Bett lesen wir noch ein bisschen.

Er unterstreicht bei Pavese: *Man tötet sich nicht aus Liebe für eine Frau. Man tötet sich, weil eine Liebe, irgend eine Liebe, uns in unserer Nacktheit enthüllt, in unserem Elend, unserer Wehrlosigkeit, unserm Nichts.*

Montag. Wir sitzen von morgens bis abends in Vorträgen, dazwischen freunden wir uns mit den Polen an. Maria dirigiert das Verbrüderungsritual mit Liebfrauenmilch, und weil wir wissen, dass unsere Bekanntschaft nur ein paar Tage dauern wird, schließen wir einander sehr ins Herz. Es ist eine Begegnung ohne Berechnung und Verstellung. Innerhalb weniger Stunden erzählen wir uns mehr, als wir anderen in Monaten erzählt haben. Wie wir unser Leben bis jetzt geführt haben und was wir in Zukunft gerne ändern würden. Was es braucht, um glücklich zu sein: eine Welt ohne Angst, Elend, Krankheit und Tod. Und falls das ein zu kindlicher Wunsch ist: die Kraft, die Welt so lange wie möglich zu überleben.

Wir machen uns keine Gedanken darüber, wie das, was wir sagen, wirkt. Zweifellos unausgereift und verzerrt, aber gerade um die Verzerrung geht es. Sie wird noch gefördert durch die babylonische Sprachverwirrung, in der wir uns bewegen. Didier und ich können kein Russisch oder Polnisch und die Polen kein Niederländisch, aber gerade genug Französisch, um *La cane de Jeanne* zu singen. Deutsch beherrschen sie auf Marias Flickwerkniveau, und ihr Englisch reicht für *How do you do* und *Where is the station, please.*

Das Bild, das wir uns voneinander machen, spiegelt also sicher nicht wider, wer wir wirklich sind. Eher sehen wir in den anderen, was wir selbst gern hätten: Theresa ist vierzig, wirkt aber wie zwanzig. So unerschrocken bietet sie der Angst vor Krankheit, Leid und Tod die Stirn, so überlegen winkt sie ihr vom hohen Ross herab Adieu, dass sie ihr nichts mehr anhaben kann.

Woyzeck ist ein echter Slawe, der es schafft, aller Materie durch seine Feinfühligkeit Leben einzuhauchen, sodass sie menschlich wird und ihm eine zweite Welt bietet, in der er die Katastrophen der ersten vergessen kann.

Verrückt an Andrzej ist sein Staunen, das ihn immer wieder glücklich macht. Ihn würde bei Angst, Krankheit, Schuld oder Tod so dermaßen fesseln, was gerade mit ihm geschieht, dass er darüber den Untergang ganz vergäße.

Und Maria? Sie ist eine warmherzige, sanfte kleine Madonna. Sie lächelt, urteilt nicht und bewahrt alles in ihrem Herzen. Sie steht im Übrigen erst am Anfang von allem.

Und Didier. Er hält sich zuweilen für Jesus Christus und will das Leid und die Schuld aller Menschen auf seine Schultern nehmen, und das ist tragisch, denn er ist älter als dreiunddreißig und trägt an seinem eigenen Leid schon mehr als genug.

Und ich? Ich bin wohl verrückt genug, mich als eine Art weiblicher Matthäus auf Jesus einzulassen und mir seine Gleichnisse anzuhören.

So wie heute Abend.

Die Polen sind in der Oper. Didier und ich gehen zum Prater am anderen Donauufer.

Es regnet.

In einer fröhlich gemeinten Halle spielen wir an den Automaten, wo sich ein paar Schaulustige um uns versammeln, weil wir zu Beginn alles gewinnen, was man nur gewinnen kann, und dann alles wieder verlieren.

Gefunden im Januar 1971 auf losen Zetteln:

Das Leben ist wie ein Spielautomat.

Je mehr man reinsteckt, desto weniger bekommt man raus. Aber ist das wichtig, solange man überhaupt etwas bekommt? Solange man nicht merkt, dass wertlos ist, was man bekommt?

Und solange man das System nicht durchschaut.

Aber was, wenn man das System doch durchschaut?

Wir irren durch die Praterstraßen. So gut wie niemand ist unterwegs, und wer da ist, kommt aus den untersten

Schichten, Armut und Kargheit in den Kleidern, Abstumpfung und ein Schielen im Gesicht, und auf dem Rücken der Ansatz eines Buckels.

Es ist eine leere, erschütternde Landschaft aus schrillen Farben auf Pappe und Gips, aus morschem Holz und abblätternden Grinse-Fratzen, aus trockenen Krapfen, Palatschinken, einem stillstehenden Riesenrad, und gleich nebenan die Kanalisation, durch die der dritte Mann kroch.

Hüfte an Hüfte laufen wir durch die Trostlosigkeit des fehlenden Vergnügens, eng umschlungen, um uns im Regen nicht zu verlieren, nicht zu trennen, nicht zu verlassen. Ich liebe ihn. Hier zu bleiben, hat überhaupt keinen Sinn.

Wir fahren wieder in die Innenstadt, parken in der Rotenturmstraße, die von der Donau zum Stephansdom führt und mitten durch das älteste Wien verläuft, das Vindobona, dessen römische Festungsmauern bei Schuberts Dreimäderlhaus noch zu sehen sind. Am oberen Ende der Gasse hat Beethoven gewohnt und neben ihm Adalbert Stifter, elegisch und angeblich bieder, er litt an einem Leberkarzinom und beging während einer Schmerzattacke Selbstmord.

Wir irren schon wieder umher, im gelben Licht der Straßenlaternen; Durchhäuser, Balkongalerien, die *Pawlatschen* heißen, jüdische Läden bei der stillen romanischen Ruprechtskirche.

Weiße Renaissancehäuser, Treppen, Gassen, die hinaufführen, Gassen, die hinunterführen, Tiefer Graben, Jugendstilbrücke.

Gegenüber der Engelapotheke in der Bognergasse setzen wir uns auf eine Türschwelle. Didier zeichnet die Fassaden-Engel ab, auf die letzte Seite meines kleinen Wien-Führers.

Weiter. Brunnen mit vibrierenden barocken Männer- und Frauengestalten, zur Ewigkeit erstarrt im Augenblick ihrer Versteinerung.

Maria am Gestade, die Tschechenkirche. Von ihrem Sockel mit den unzähligen Stufen klettert sie gen Himmel. Früher wurde sie von einem alten Donauarm umspült. Die Schiffer legten am Gestade an.

Eine Gedenktafel für den Dichter Waldeck ist an der rechten Kirchenmauer angebracht.

Ich soll den Text abschreiben, sagt Didier. Er beugt sich vor, damit ich seinen Rücken als Unterlage benutzen kann.

»Der ich meiner so müd
und am Vergehen bin
mich verlangt nach dir,
du ewiger Anbeginn.«

Weiter. Gassen entlang, durch die der Golem mit seinen Lehmfüßen gepoltert ist und deren Bürgersteige er gekehrt hat. Aus Prag hierhergekommen. Mit schleppenden Schritten, müde, gebeugt, durch die Landstriche von der Moldau bis zur Donau.

Und dann ein Haus, die Toreinfahrt offen.

Zögernd gehen wir hinein.

Fast schwarz blühen Geranien im Dunkel unter den Renaissancearkaden. Überall im Innengarten, in kleinen Grüppchen zwischen den kreisförmig verlegten Pflastersteinen, verspätete Mohnblumen. Rilke, sagt Didier, *Wer mit Toten vom Mohn aß.*

Aber ich weiß es auch noch: *Nur wer mit Toten vom Mohn aß, von dem ihren, wird nicht den leisesten Ton wieder verlieren.*

Im Innenhof steht schon wieder eine Tür offen. Weit und breit ist niemand zu sehen. Wir gehen hinein, durchstöbern das Haus in alle Richtungen, hoch bis zu den Dachböden, die in endloser Dunkelheit versinken, über modrige Wendeltreppen, vor Feuchtigkeit weiß gescheckt, wo Glühbirnen Schatten werfen. Durch Gewölbe, bekreuzigt mit Eisenklammern, Flure entlang, bis in die Keller. Dort türmen sich Sand- und Steinhaufen, aus denen Altmetall von Kinderwagen und Bettgestellen hervorragt, offene Holzluken geben den Blick auf Kohlereste und wieder andere Keller frei, auch dort elektrisches Licht und morsche Türen, die in ein neues, unüberschaubares, endloses dichtes Dunkel führen.

Vorsicht, sagt Didier. Wasser! Pass auf, dass du nicht ertrinkst.

Und er zieht mich an der Schulter zurück.

Ich taste mit dem Fuß, anscheinend stehe ich vor einer Wassergrube.

Ich halte mich an ihm fest. Mir ist schwindelig vor Schreck.

Er lacht.

Wir sind wie die beiden Geschwister in Viscontis Film: *Sandra – Die Triebhafte*. Die Zisterne im Film symbolisiert den Tod, der auf die Blutschande folgen muss. Der Bruder begeht dann auch wirklich Selbstmord, während die Schwester allein und gebrochen zurückbleibt.

Hier ist ja gar kein Wasser, Didier.

Nein, Kdoulička. Soll ich dir was erzählen? Als ich klein war, haben sie mich mal in den Keller gesperrt. Ich muss sehr ungezogen gewesen sein. Es war stockdunkel, und ich wusste, irgendwo ist ein Brunnen, der meistens offensteht. Ich wusste nur nicht, wo. Ich habe nicht gewagt, mich zu bewegen. Habe nur still dagestanden, bis sie mich wieder abgeholt haben. Ich war ganz steif, und es hat ewig gedauert, bis in meine eingeschlafenen Hände und Füße wieder Leben kam. Manchmal träume ich noch davon, dann taste ich mich Schritt für Schritt durch den ganzen Keller. Aber fallen tue ich nie. Ich habe so entsetzliche Angst, dass ich mich gar nicht traue, in den Brunnen zu fallen.

Das kenne ich, sage ich, ich werde auch immer wach, bevor es in meinem Traum zur Katastrophe kommt.

So spät, sagt Herr Ober Fritz, und obendrein ganz müde. Aber genau rechtzeitig für den Apfelstrudel. Der kommt gerade frisch aus dem Ofen.

Dienstagmittag. Zusammen mit den anderen Kongressteilnehmern gehen wir im *Griechenbeisl* in der Altstadt essen.

Der arme Augustin sang hier: *O du lieber Augustin.*

Wir arbeiten uns durch ein typisches Wiener Menü: Leberknödelsuppe (Rezept von den böhmischen Dienstboten eingeführt), Wiener Schnitzel mit Reis, Erbsen und Salat, und zum Nachtisch Kaiserschmarrn.

Die Polen bringen uns Polnisch aus einem kleinen Lehrbuch für Anfänger bei. Anfänger lernen vorzugsweise als Erstes *Ich liebe Didier* auswendig, *Kocham Didiera*. Wollen sie dem etwas mehr Nachdruck verleihen, sagen sie: *Ja kocham Didiera.* Danach machen sich die Anfänger auf die Reise und werden sich in jedem polnischen Hotel dank der folgenden Ausdrücke zu Hause fühlen, die so oft zu wiederholen sind, bis sie flüssig und ohne Zögern ausgesprochen beziehungsweise verstanden werden: Um wie viel Uhr wünschen Sie geweckt, benachrichtigt, angemeldet zu werden? Hier können Sie sich umkleiden, auskleiden, ankleiden, verkleiden. Zum Mittagessen hätte ich gerne Brot, Reis, Hühnchen, Schweinefleisch, Rindfleisch, Lammfleisch, Blumenkohl, Erbsen, Äpfel, Sahneeis, Kuchen und eine Flasche Wein oder ein Glas Bier.

Ein ziemliches Programm, sage ich. Man muss etliche Male nach Polen, um das abzuarbeiten.

Das dauert Jahre, stößt Didier aus, als sähe er plötzlich eine Möglichkeit, seinem Leben einen Sinn zu verleihen. Und er schreibt meine Bemerkung auf seine Serviette: Man braucht ein Programm, ganz egal, welches. Wenn man nur fest entschlossen ist, es komplett abzuarbeiten, nutzt man sinnvoll seine Zeit. Dann hat man ein Ziel.

Heute Nachmittag pausiert der Kongress. Weil die Polen kein Auto haben, revanchieren wir uns symbolisch für den Sprachunterricht mit einem gemeinsamen Ausflug in die Wiener Hausberge. Didier meint, es hieße *Außenberge*, weil sie außerhalb der Stadt im Wienerwald liegen.

Wir fahren Richtung Norden.

Erfragen den Weg nach Klosterneuburg.

Jaja, sagen die Leute, da und da lang.

Aber wir kommen bei der Anstalt raus, in der Alexander sein Gedicht über den Mond geschrieben hat. Dabei wollen wir doch zum Stift, zum Verduner Altar.

Den können wir nur noch auf Postkarten bewundern, denn die Nachmittagsführung neigt sich schon dem Ende zu, allein dürfen wir ihn uns nicht ansehen, und der Fremdenführer will nach Hause.

Man merkt ihm an, dass er sich zu lange mit diesem Verduner Altar befasst hat. Er sagt ihm nichts mehr. Obwohl es auch sein kann, dass er die Sache ganz anders sieht, dass er wiederum uns vorwirft, zu spät für die Führung zu sein, dass er wenig von uns hält, weil wir nicht vorhaben, morgen wiederzukommen und seine Dienste innerhalb des vorgesehenen Zeitfensters in Anspruch zu nehmen. Warum also, schlägt er vor, sehen wir uns nicht ein paar Kilometer weiter etwas anderes an? Den Kahlenberg, zum Beispiel. Sehr interessant und noch dazu charmant.

Auf dem Kahlenberg versperren uns Touristenmassen die Aussicht auf Wien. Sie sind in Bussen und Autos hergekommen und drängen sich um die weiße Kirche, wollen die sorgenvolle schwarze Madonna von Tschenstochau, die Polen sagen Częstochowa, sehen, wollen in der Sobieskikapelle ein paar Souvenirs kaufen und sich vom Pförtner die Berglegenden erzählen lassen, wie das Wort *Kalauer* entstanden ist, denn hier lebte im ausgehenden Mittelalter ein ziemlich schräger Vogel, der Pfaffe vom Kahlenberg.

Ich kann fliegen, verkündete er, ich springe vom Kirchturm oder von dem Berg da drüben, und die Menschen wollten ihm nicht glauben. Sehen Sie hier, sagt der Pförtner und hält das alte Buch von der *Gereimten Geschichte des Pfaffen vom Kahlenberg* hoch, zeigt auf die Stelle, die Professor Herman uns auch einmal vorgelesen hat, und entziffert langsam die altertümlichen Frakturzeichen:

Also trat er bald hier und dar
Und leuchtet wie ein Engel klar
Der da kommt aus dem Paradeiß
Er trieb seltsam Geberd und Weis

Und der Pfaffe, der hell erstrahlte wie ein Engel aus dem Paradies, ließ sich von allen Seiten vom versammelten Volk bewundern. Sein Federkleid leuchtete in der Sonne. Und er sah auf die Menge herab und breitete die Arme aus, dass er aussah wie ein großer Vogel. Und im Licht der weißen Kirche und der strahlenden Hügel, gegen das Blau des Himmels und des wogenden Stroms, der schönen blauen Donau, stellte er sich auf die Zehenspitzen und war kurz davor, in die Tiefe zu springen.

Und das Licht schien sich schon mit ihm mitzubewegen.

Aber er sprang nicht, der Witzbold.

Er produzierte einen gelungenen Kalauer.

Er sagte, in ihrer Aufregung hätten die Leute in Gedanken doch ohnehin schon alles passieren sehen, und der echte Sprung könne nur ein müder Abklatsch dessen sein, was so großartig und voller Möglichkeiten war.

Aber die Leute fanden den Scherz nicht lustig.

Verärgert zogen sie ab und bellten wie wütende Hunde, die nicht an den gebrochenen Federn des Toten schnuppern dürfen; und noch heute bezeichnet auf dem Kahlenberg *callen* oder *cahlen* das Bellen der Hunde, die in der Herde Aufregung wittern, aber nichts Konkretes finden können.

Was versprechen wir uns davon, immer wieder in der Zeit zurückzugehen und uns von längst vergangenen Gefühlen ergreifen zu lassen?

Wir nehmen die Höhenstraße zurück nach Wien und verfahren uns, weil wir mehr auf die Umgebung achten als auf die Wegweiser. Weit kann Vienna aber nicht sein. Die Polen sagen immer Vienna, nie Wien.

An einem Gehweg, wo ein paar Leute eine Fassade weißeln, halten wir an.

Ich öffne die Tür, einer der Anstreicher hockt sich neben das Auto, *Grüß Gott,* und bespricht mit uns, welchen Weg wir einschlagen müssen. Er ist mit Farbspritzern übersät wie Hiob mit Eiterbeulen, und in der Hocke sieht er zum Herrn hinterm Steuer auf, der den Zündschlüssel dreht, den Motor anlässt und sich für die freundliche Auskunft bedankt.

Und ich weiß, Didier wird einmal von mir verlangen, ihm ans Ende der Welt zu folgen, und *lässig* und träge, wie ich seiner Meinung nach bin, werde ich nicht verstehen, was er meint, und nur lächeln oder mir wie der Golem machtlos gegen die Stirn schlagen.

Wir kommen an einem Schild vorbei, auf dem *Sanatorium* steht.

Kierling, sage ich, sind wir in Kierling?

Kafka war in diesem Sanatorium, am Ende seines Lebens, als er Dora liebte.

Aber davor war er mit Milena Jesenská zusammen. Milena, Milenka.

Milenka bedeutet meine Liebste.

Wir müssen rechts abbiegen, sagen die auf der Rückbank gebündelten Polen.

Links, sage ich.

Links?, fragt Didier.

Wir fahren auf die Autobahn. Nach zwanzig Kilometern fragt er: Wo sind wir denn jetzt?

Auf dem Weg nach Prag, sage ich. Aber natürlich müssen wir zurück. Für Prag haben wir kein Visum.

Es war einmal eine Prinzessin, die war auf der Suche nach einem Ort, an dem sie eine Stadt errichten könnte, und sie sandte ihre Diener aus, und die fanden Hügel und Täler an einem Fluss, und sie bauten eine Tür, damit sie die Stelle später wiederfinden würden, und vor der Tür errichteten sie eine Schwelle: PRAH, und so entstand der Name Praha.

Gefunden im Januar:

Dreizehn Brücken hin zu dir – dreizehn Namen. Und du eine Tür.

Hin zu wem? Hin zu was?

Mittwoch.

Wir verbringen den ganzen Tag zu sechst im Museum. Hauptsächlich im Kunsthistorischen wegen Bruegel, wo wir Didier vom *Turmbau zu Babel* förmlich wegzerren müssen.

Im Belvedere sehen wir uns Moser, Schiele und vor allem Klimt an.

Didier findet, Klimts Frauen mit all dem Blattgold im sich kräuselnden Wasser sähen aus wie Rachegöttinnen, liebliche Erinnyen, die verbotene Liaisons zwischen Blutsverwandten ahnden.

Vor dem Eingang zum Museum des Zwanzigsten Jahrhunderts macht Woyzeck ein Foto von uns. Wir posieren still und zurückhaltend mit dem schuldbewussten Lächeln derer, die sich zu lange in die überwältigende Größe anderer vertieft haben und sich der eigenen erschreckenden Belanglosigkeit bewusst sind.

Didier wird auf einmal nervös, weil er die Autoschlüssel nicht finden kann. Habe ich sie dir gegeben, Kdoulička? Nein? Was machen wir denn jetzt?

Die Sonne geht überm Südbahnhof unter, und Theresa sagt, wir sollten am besten ein bisschen durch die Stadt schlendern, uns entspannen und unsere Selbstachtung zurückgewinnen. Und da findet Didier zum Glück seine Schlüssel wieder.

Landstraße. Margareten. Mariahilf. Josefstadt. Alsergrund, bei der unauffindbaren Strudlhofstiege ist Herbst. Währing. Döbling. Leopoldstadt. Penzing, wo der Kongress stattfindet und wir aussteigen, um gemeinsam Abendbrot zu essen.

Didier ist aber noch immer nicht im Reinen mit sich, er muss noch mal raus, und Maria will mit, also auf ein Neues, kreuz und quer durch Wien. Es ist dunkel. Wir scheinen uns schon wieder verfahren zu haben.

Biedere Häuschen. Rochusmarkt. Armenstraßen. Ba-

rocke Plätze. Jugendstilvillen. Weindörfer. Donauschif-
fer. Winterhafen. Wir finden den Weg nicht. Die Straßen
sehen schon längst nicht mehr aus wie auf unserer Karte.

Und er fährt weiter, als müsste er an allem wenigstens *einmal* vorbeigekommen sein, als wollte er aus allen
dunklen Straßen und Plätzen eine Laterna magica in seinem Kopf kreieren, für später.

Wir sind im Zentrum, Didier, sagt Maria. Du musst
irgendwo parken. Das Konzert fängt gleich an.

Lasst uns noch ein Stückchen gehen, sagt er. Wo sind
wir hier?

Himmelpfortgasse.

Er lacht über den Namen und gibt uns beiden eine
Hand, als müssten wir zu dritt durch die Himmelspforte
treten; und wir laufen an einem Palais vorbei, und die
Stadt wird immer älter und schmaler und singt den
Schwanengesang. Und einer von uns dreien singt den
Schwanengesang. Und das Wasser rauscht und braust
in der Kanalisation des finsteren Viertels hinterm Stephansdom. Unheimlich ist es hier im Halbdunkel. Wir
singen:

O du lieber Augustin, Augustin, Augustin,
o du lieber Augustin, alles ist hin
Geld ist weg, Mäd'l ist weg, alles weg, alles weg
O du lieber Augustin
Alles ist hin.

Die Schönlaterngasse ist nebelnass.

Marlene Dietrich sang *Unter der Laterne*, aber diese Laterne stand in Berlin.

Und dann war da noch eine Laterne in Paris. In der Rue de la Vieille Lanterne.

Dort erhängte sich in einer Winternacht Gérard de Nerval. Man fand ihn im Morgengrauen.

Ob er bei seiner Wahl an Wien gedacht hat, an die Mariahilfer Straße oder die Schönlaterngasse?

Wir laufen durch verwilderte Innengärten und sitzen auf den klammen, morschen Stühlen der vielen Schanigärten, der pergolaüberdachten Straßencafés im Blutgassenviertel.

Am Ende müssen wir uns beeilen, um rechtzeitig zum Konzert zu kommen:

Domkirche St. Stephan – Wien
ORGELMUSIK
Mittwoch, 23. September 1970

An der Orgel: Domorganist Peter Planyavsky

Texte:

Ich bin verstummt und still und schweige fern der
Freude und muss mein Leid in mich fressen.
Mein Herz ist entbrannt in meinem Leibe.
Herr, lehre doch mich, dass mein Leben ein Ziel hat.

Siehe, meine Tage sind eine Handbreit bei dir, lehre
mich, dass es ein Ende mit mir haben muss.
Sag mir, wie viel Zeit ich noch habe.
Wessen soll ich mich trösten? Ich hoffe auf dich.
Errette mich von aller meiner Sünde und lass mich
nicht den Narren zum Spott werden.
Höre mein Gebet, Herr, und vernimm mein Schreien –
schweige nicht zu meinen Tränen.
Gib mir noch etwas Ruhe.
Ich will schweigend mein Leid in mich fressen und
meinen Mund nicht mehr auftun.
Wessen soll ich mich trösten? Ich hoffe auf dich.
Lass ab von mir, dass ich mich erquicke, ehe ich
dahinfahre und nicht mehr bin.

Der Dom ist bis zum letzten Platz gefüllt. Wir setzen uns auf den Boden und lehnen uns an eine Säule.

Maria sieht blass aus, die Steinfliesen sind trotz der Jacken, die wir dabeihaben, kalt.

Als ein paar Besucher die Kirche verlassen, belegen wir die frei gewordenen Sitze.

Kommt er nicht mit?, flüstert sie. Ein Platz ist da noch.

Nein, nein, lass ihn nur.

Er sitzt mit dem Kopf zwischen den Händen, die Ellenbogen auf die Knie gestützt.

Ich kann von hier aus sehen, wie ihm Tränen die Nase entlanglaufen, und ich denke:

Flennt er schon wieder? *Il a la larme facile.*

Das Konzert ist vorbei, wir schieben uns Richtung Ausgang.

Kdoulička, sagt er.

Ja?

Wie hat es dir gefallen?

Großartig.

Ja, sagt er.

Wir kaufen das *Volksblatt*.

Gehen ins Hawelka.

Hier, sagt er, lies mal:

Eine Frau in Wien hat am Auspuff ihres Autos einen Plastikschlauch befestigt und ihn ins Wageninnere geleitet. Sie hatte sich sogar der Mühe unterzogen, ein Loch in die Bodenplatte des Anglia zu bohren. Danach setzte sie sich hinters Steuer und startete den Motor. Da der Wagen abgeschlossen war, wirkten die Gase schnell.

Er muss noch ein bisschen in Pavese lesen.

Er unterstreicht: *Und doch haben es kleine Frauen getan. Es braucht Demut, nicht Stolz.*

Donnerstag. Andrzej fährt nach Hause.

Freitag. Theresa und Woyzeck reisen ab. Bleiben wir in Kontakt? Vielleicht.

Wobei – mit ein paar Brocken Französisch, Englisch und Deutsch bringt man keine Briefe zustande.

Aber Maria will an ihrem Deutsch arbeiten.

Und wir bekommen *Polnisch für Anfänger* geschenkt.

Und was hatten sie von uns und wir von ihnen? Auch ohne sie hätten wir dasselbe gesehen und erlebt. Was macht sie so wichtig? Dass sie eine Rolle in derselben Inszenierung gespielt haben? Dass sie Zeugen unseres Aufenthalts in Wien geworden sind, dass unsere Anwesenheit in Wien durch sie real und rekonstruierbar wird?

Heute Abend wird der gelungene Kongress mit einem Fest gefeiert. Morgen ist nur noch die Abschlussveranstaltung, danach treten alle die Heimreise an.

Die Gruppe fährt geschlossen zum Heurigen nach Grinzing. Hier sollen freundschaftliche Bande für die Zukunft geknüpft werden, Ost und West sind einander begegnet und haben den Wahnsinn von Rache und Feindschaft erkannt, und diesen schönen Akt der Menschlichkeit wollen wir mit Wein, Akkordeons, Liedern und Brathuhn begehen.

Komm, gieß mein Glas noch einmal ein. Sing, Brüderchen, sing. An der schönen blauen Donau. Wien, Wien, nur du allein. Ich muss wieder einmal in Grinzing sein. Im Prater blüh'n wieder die Bäume.

Und Didier singt und prostet den anderen zu und hat plötzlich eine Gitarre in der Hand. Und die schönen Frauen auf dem Fest buhlen um seine Gunst, und er lächelt und nickt mir zu, und ich? Wer bin ich?

Für welche Geliebten wird er leben und sterben durch meine Gestalt und meine Namen:

Hermine

Louise

Maria

Kdoulička

Slavka, das Sklavenkind

Diebin

Rosa

Kweepeer

Coing

Quitte

und er hat noch andere im Kopf, die er sehr bald aussprechen wird.

»Ihre große Bedeutung gewinnt die Quitte durch ihre Eignung als Unterlage für edlere Birnensorten.« *Oosthoek Encyclopaedie*

Er spielt *Jeux Interdits* auf der Gitarre, vermutlich die einzige Melodie, die er ohne Holpern vor Publikum zu Gehör bringen kann.

Gefällt es dir, Kdoulička?

Ja.

Es ist schon spät, als das Fest vorbei ist.

Wir nehmen Maria im Anglia mit zurück.

Auf der Amundsenstraße verfahren wir uns.

Es ist Nacht. Der Wienerwald liegt verlassen da.

Wir halten vor einem großen, einsamen, gelben Haus. Es steht leer.

Wir können nicht nach dem Weg fragen. Wir haben keine Karte dabei. Wie viel Benzin ist noch im Tank?

Leg mir die Hand aufs Knie, beschwört er mich. Ich fühle mich so einsam.

Ich kann nicht, sage ich, nicht vor Maria. Wer weiß, wie einsam sie sich fühlt und wie groß ihr Heimweh ist. Ich will sie mit unserer Zusammengehörigkeit nicht verletzen.

Es dauert ewig, bis wir den Weg finden. Wir sind so müde.

Es ist unsere letzte Nacht in Wien.

Er muss noch ein bisschen in Pavese lesen: *Namen sind nicht wichtig. Sie sind nichts weiter als Schicksalsnamen, Zufallsnamen – wenn es nicht diese waren, waren es dann nicht andere?*

Samstag.

Wir fahren ein letztes Mal in die Stadt. Eine Apotheke in der Linzer Straße heißt *Zur Göttlichen Vorsehung.*

In der Mariahilfer Straße küssen wir Maria zum Abschied, sie weint und fragt: Werden wir uns je wiedersehen?

Sie will im Warenhaus Herzmansky noch etwas für

ihre Mutter besorgen und dann die Straßenbahn zum Bahnhof nehmen.

Didier und ich gehen noch zum Graben, der Hauptstraße beim Stephansdom. Dort kauft er mir einen türkischen Trauring. Haben wir mehr als ein Zimmer im Herzen, in dem wir liebhaben können?

Man nennt ihn auch Vexierring, sagt jemand im Hawelka, er ist dazu bestimmt, einen zur Verzweiflung zu treiben, weil er sich in vier geschwungene Einzelringe zerlegen lässt, die nur sehr schwer wieder ineinanderzufügen sind. Man soll ihn als greifbares Symbol für die Schwierigkeiten des Lebens immer bei sich tragen.

Wir müssen los.

Wir holen die Koffer.

Die Disteln legen wir einfach in den Kofferraum.

Wir schließen die Türen des Anglia und machen uns auf den Weg.

7

Das seichte Wasser, das so niedrig steht,
dass es in tief're Tiefen nicht mehr geht,
wird von dem weißen Schloss am Straßenrand erspäht
und funkelt wie im Traum. Das Auto dreht.

Gerrit Achterberg, *Déjà-vu*

Am Ende der Linzer Straße fahren wir auf die West-Autobahn, nehmen aber nicht wieder die Route über Salzburg und München, sondern folgen dem Donaulauf, erst durch die Wachau und dann weiter bis Regensburg.

Schwerfällig hängt Stift Melk am Straßenrand. Wir machen noch einen Anlauf, es zu besichtigen, kommen aber, völlig übersättigt mit barockem Prunk, nicht weiter als bis zum Vorplatz.

Überm Nibelungenland liegt Nebel, die Fichten hängen voller Tropfen.

Auf den Felsen stehen Ruinen, vielleicht die alten Schlösser von Rüdiger und Etzel.

Um alles sehen zu können, muss ich die beschlagene Scheibe runterkurbeln.

Ganz tief unter uns fließt grau der Strom, auf dem wilde Schwäne paddeln.

Regentropfen malen Streifen auf die Windschutzscheibe.

Ja, sieh du dir alles an, meint er, mir sagt das nichts mehr. Ich habe genug Landschaften gesehen. Aber es freut mich, dass du noch was davon hast. Dann ist diese Fahrt nicht völlig sinnlos. Ich kann dir noch was Gutes tun. Jetzt zieh nicht so ein enttäuschtes Gesicht. Manches empfinde ich nun mal anders als du.

Er verkriecht sich in sein Schneckenhaus, denke ich. Dabei sind wir erst ein paar Stunden aus Wien raus. Vielleicht will er uns schon auf den Abschied vorbereiten, vielleicht versucht er, die Kettenglieder, die uns miteinander verbinden, eins nach dem anderen zu lösen.

Es regnet.

Über die Donau senkt sich tiefster Herbst, über die Helden aus den alten Geschichten, die manchmal ihre Herkunft hinterfragten, so wie Didier jetzt.

Ich war zu Hause der Jüngste, sagt er. Meine Geburt war geheimnisumwoben, aber wer weiß, vielleicht bilde ich mir das auch bloß ein. Auf jeden Fall hat meine Mutter immer nur mit gedämpfter Stimme darüber gesprochen und ist abrupt verstummt, sobald ich in Hörweite kam. Irgendwas muss schiefgelaufen sein. Es war wohl, was man eine schwere Geburt nennt. Ich glaube, ich wäre fast erstickt. Manchmal mache ich mir Sorgen deswegen.

Warum?

Einfach so. Ein unbestimmtes Gefühl,

Gefunden im Januar 1971:

Von Geburt an ein zum Tode Verurteilter. (Stig Dagerman)
Death-hour and birth-hour meet. (Yeats)

dass mein Tod vielleicht etwas mit meiner Geburt zu tun haben wird. Und dann … war da noch das Bettzeug und die Babykleidung, die jemand uns gebracht hat, mit Adelskrönchen bestickt. Lach nicht, Kdoulička! Ich bin mir über meine Abstammung nicht im Klaren. Eigentlich müsste ich mich auch auf die Suche machen, so wie du das in Böhmen vorhast. Kommt dir das denn gar nicht seltsam vor?

Höchstwahrscheinlich, sage ich, war deine Großmutter mit jemandem vom Bornheimer Schloss befreundet und hat die Erstlingsausstattung der kleinen Grafen vermacht bekommen. Oder ist dir das nicht romantisch genug? Vielleicht bist du ja ein Findelkind.

So wie der arme Kaspar Hauser, *pauvre Gaspard*, in Nürnberg, wo wir heute Abend noch hinkommen.

Gefunden im Januar 1971:

O vous tous, ma peine est profonde:
Priez pour le pauvre Gaspard.
Verlaine: Gaspard Hauser chante.

Und noch was, sagt er. Ich war fünf, als mein Bruder starb. Ein Armeelaster hat ihn überrollt. Meine Mutter war völlig verzweifelt, hat sich im Haus verkrochen. Bis ihr einfiel, dass es mich auch noch gibt. Sie kam nach draußen und hat nach mir gerufen. Sie hatte so ein rotkariertes Geschirrtuch in der Hand, aber ich dachte, sie hätte sich geschnitten und ihr würde Blut übers Handgelenk laufen, ich war stocksteif vor Schreck. Sie sagte: Komm, komm mal zu mir. Sie hat gelächelt, wollte mich beruhigen und mir zu verstehen geben, dass sie immer da sein würde. Aber ich wusste es besser. Jeden Moment konnte sie verschwinden und nie mehr wiederkommen. Kdoulička, hast du als Kind je so etwas erlebt?

Wir essen an einem Stapel Baumstämme, neben gelben Herbstblumen, auf einem Donausteg und in einer Gaststätte, oder eher einem Irrgarten mit verschachtelten Gängen, feucht wie ein Keller, wo sich lärmende Männer betrinken, während im Fernsehen ein Fußballspiel läuft, und wo wir lange auf den Kaffee warten müssen, der dann durch und durch miserabel ist.

Ich tue nichts anderes, als den türkischen Trauring auseinanderzunehmen und wieder zusammenzusetzen und die göttliche Vorsehung anzuflehen, dass die Zeit nicht so schnell vergehen möge.

Wir frieren, der Tisch ist klamm, über einem Stuhl hängt eine alte Decke, wir haben noch nie in einer Gaststätte eine Decke über einem Stuhl gesehen.

Grüß Gott, rufen die betrunkenen Herrschaften uns hinterher.

Es wird dunkel. Der Nebel verdichtet sich. Die Straße ist kaum zu erkennen. Didier hat die Scheinwerfer eingeschaltet. Er fährt zu schnell. Oder sieht er mehr als ich? Die Begrenzung dieser unbekannten, launischen Straße? Die Mittellinie, die es mit Sicherheit gar nicht gibt?

Fahr langsamer, sage ich.

Aber eigentlich habe ich keine Angst. Ich weiß, auf dieser Reise wird nichts Schlimmes passieren.

Wir singen Lieder, um die Zeit totzuschlagen.

In Holland steht ein Haus. Im Haus, da wohnt ein Mann. Der Mann nimmt sich 'ne Frau. Die Frau bekommt ein Kind. Dann stecken sie das Haus in Brand. Jetzt ist das Kind allein.

Zeit für Schlaflieder. *Geh nach Hause, Mutter, deine Kinder liegen im Bett, und alles brennt lichterloh. Lieb Ännchen, warum weinest du, weinest du? Ach, weil ich heut' noch sterben muss. Du brauchst noch nicht zu sterben, zu sterben.*

Der Nebel wird von Häusern und Straßenlaternen vertrieben. Wir sind in Nürnberg.

Wir verfahren uns, können die Autobahn nach Frankfurt nicht finden, weil uns nicht klar ist, dass wir den Schildern nach Würzburg folgen müssen.

Es regnet. Bei ein paar Tannen stellen wir uns unter. Anstatt im Auto zu bleiben.

Uns ist kalt und feucht und klamm. Wir legen eine alte

Regenjacke über einen Baumstamm am Straßenrand. Er hängt mir seinen Dufflecoat um die Schultern.

Setz dich nicht auf den Boden, sage ich, du wirst doch ganz nass.

Er legt mir den Kopf in den Schoß. Armer Liebling.

Pauvre Gaspard, il n'est pas encore mort ce soir.

Wer hat das noch mal geschrieben?

Van Ostaijen.

Sag mal, kannst du eigentlich nie einen Scherz machen? Du bist weder krank noch tot, das Leben ist schön.

Wir fragen einen Mann nach dem Weg, der das Tor von etwas zuschließt, was aussieht wie eine riesige Atomzentrale, und der sich dann in den Sand kniet und uns im gelben Lichtkreis seiner Taschenlampe den Weg aufmalt.

Und ich weiß, wir kehren nie, niemals wieder hierher zurück.

Vor unserer Abfahrt nach Wien hatte ich einen Traum. Es war Winter, und mitten in einer grünen Schneelandschaft standen bei einem weißen Haus zwei kahle Bäume, vielleicht Birken. Eine stille Bedrohung lag in der Luft. In dem Haus beugten sich ein paar Leute über einen jungen Mann, der im Bett lag. Es war nichts mehr zu machen.

Als ich aus dem Haus ging und noch einmal über die Schulter blickte, stand es lautlos in Flammen.

Ich weiß wieder, wie er aussah, damals in Gent. So verletzlich in seinen schwarzen Kleidern, als auch noch seine

Mutter gestorben war. Aber bald danach hat er geheiratet. Und sie, Anna, musste alles für ihn sein: Mutter, Freundin, Geliebte, Schwester, Ehefrau.

Und er erzählt mir, woran das Leben mit Anna, die alles für ihn sein musste, gescheitert ist. Die Aufgabe ging über ihre Kräfte, sie konnte seine Erwartungen nicht erfüllen. Und als sie das erkannte, liebte sie ihn mit doppelter Kraft, kettete ihn mit der verzehrenden Liebe der Geschlagenen, der Besiegten an sich, so zerstörerisch, dass selbst seine kleinsten Bewegungen von ihrem verletzten Stolz diktiert wurden.

Von Didier, vermutlich im Oktober oder November, angestrichene Sätze in *Der Alptraum* von Norman Mailer.

Die Häfen des Mondes:

»Du kannst noch nicht sterben«, sagte der rationale Teil meines Hirns, »deine Arbeit ist noch nicht erledigt.«

»Ja«, sagte der Mond, »deine Arbeit ist noch nicht erledigt, aber dein Leben ist gelebt, und du bist mit ihm tot.«

»Lass mich nicht ganz tot sein!«, rief ich mir selbst zu und schwang mich übers Geländer zurück.

Deborah hatte mir ihre Klauen ins Fleisch geschlagen. Leben mit ihr, und ich war mordlustig; versuchen, mich zu trennen, und Selbstmord zog in mich ein.

Wir fahren an Würzburg vorbei.

Ohne Unterlass erzählt er mir, warum das Leben zu einem unwirtlichen Ort für ihn geworden ist.

Ich höre zu.

Manchmal werfe ich ein, man könne ganz gut in Harmonie mit seiner Umgebung leben, aber er hört nicht zu.

Er hört mir eigentlich nie zu. Eigentlich auch in Wien nicht. Oder denke ich jetzt, warum auch immer, zu schlecht von ihm? Was schiebt sich da mit einem Mal zwischen uns? Der morgige Abschied?

Kafka fällt mir ein, seine Talmudstunden bei Professor Thieberger: *Lasst uns im Gleichgewicht der Demut miteinander leben.*

Es käme vielleicht auf einen Versuch an, sagt Didier, aber …

Ich muss an meine Mutter denken, während seine Stimme immer dumpfer wird und ich nicht mehr antworte und er sagt:

Hörst du mir überhaupt noch zu? Bist du müde?

Ja.

Ich auch, sagt er, wir fahren nicht mehr weit. Sieh mal auf der Karte nach, wo wir übernachten können.

Spessart, sage ich, oder Weiskirchen.

Ich denke: Meine Mutter ist erst vor vier Monaten gestorben. Didier ist zu früh gekommen. Er ist zwischen mich und meine Mutter gekommen. Ich habe nicht mehr genug an sie gedacht.

Aber ich habe noch ihr Wimmern im Ohr und ihr

Würgen an den Händen und ihr Blut auf dem Fußboden. Wir hatten sie am ersten Dezember ins Krankenhaus gebracht, und vorerst durfte sie noch jedes Wochenende nach Hause. Sie wurde so mager, so müde. Und eines Nachts zwischen Weihnachten und Neujahr taumelte sie durchs Haus, weckte mich und weinte: Ich blute so. Und ich sah den Krankenwagen über die Heide näher kommen und wie er sich zwischen den Tannen und dem Schnee und den Pfaden durch die Sümpfe verirrte. Und ich rannte über die eisglatte Straße und schrie und winkte und weinte: Hier, hier.

Schließlich sahen sie mich und folgten mir und kamen gerade noch rechtzeitig und nahmen sie mit und brachten sie endgültig ins Krankenhaus. Ich sah hoch zu den Sternen und dachte: Was wird nächstes Jahr zwischen Weihnachten und Neujahr geschehen? Und sie hatte solche Schmerzen, und sie dachte: In ein paar Wochen bin ich wieder gesund und gehe nach Hause.

Und jeden Tag musste ich sagen, dass es ihr besser ging, aber sie noch nicht kräftig genug war, um nach Hause zu können. Und manchmal war sie mit ihren Gedanken sehr weit weg: Ich muss deinem Vater noch die Schuhe putzen, bevor er nach Prag fährt, in Prag liegen bestickte Tischtücher für uns im Schrank.

Und sie lief jämmerlich aus in ihrem Bett. Und ich lernte, ihr zu helfen, und ich lernte, ihren neuen Geruch zu ertragen und sie im Arm zu halten, wenn das Würgen kein Ende nehmen wollte. Ach, Mama. Ich schluckte

Tabletten, um ihrem Leiden die Stirn bieten zu können, sechs Monate lang.

Und dann schien die Sonne durch die Vorhänge ins Zimmer, und sie sagte: Was ist das? Und: Wo Bohuslav jetzt wohl ist? Wartet er auf mich? Ich habe nie mein Haus am Meer bekommen. Versprichst du, auch immer schön brav zu sein? Ich habe solche Angst. Muss ich etwa sterben?

Ja.

Und sie fing an zu sterben und wimmerte noch dann und wann und krümmte sich manchmal, abgemagert, bis auf den Unterleib, dick wie eine Kopfweide, in Richtung irgendeiner Erlösung. Und verdrehte die Augen und sah mich plötzlich an und ruhte dann in mir und verdrehte wieder die Augen. Sie gaben uns zwei Kerzen. Ich hielt ihre zwischen ihren Fingern fest. Manchmal wurde ihr Atem unhörbar, und dann klang er wieder wie das Schlagen eines Herzens, zehnfach verstärkt. Und sie lief aus, zum letzten Mal Galle und Blut im Mund und Eiter zwischen den Zweigen der Kopfweide. Und sie seufzte, und ihr Gesicht fiel ein, und der Priester betete schneller, und meine Tränen liefen schneller und schneller. Das normale Intervall zwischen ihren Atemzügen war lang überschritten. Aber sie bewegte sich noch ein bisschen. In ihrem Gesicht veränderte sich noch etwas. Und die Schwester schloss ihr die Augen, und die Pflegerinnen gingen Blumen pflücken und streuten sie in kleinen Sträußen übers Bett, denn es war ein gutes Krankenhaus.

Wo sind wir jetzt?, fragt er.

Spessart, sage ich.

Endlich. Kdoulička?

Ja?

Mir passiert das nicht.

Was?

Dass ich irgendeinen sinnlosen Krebs kriege. Dafür werde ich sorgen.

Und er lacht und streichelt mir die trüben Gedanken aus dem Gesicht und bringt auch mich zum Lachen, als er singt:

Er ist ein guter Mensch, aber er hat keine Moral.

Wir wollen irgendwo übernachten, aber die Motels an der Autobahn sind wieder mal voll. Wir essen im Rasthaus im Spessart, wo man uns den Namen eines kleinen Hotels auf einen Zettel schreibt, fünf Kilometer Richtung Weibersbrunn.

Dort verbringen wir dann die letzte Nacht miteinander.

Im Frühling fahren wir zusammen nach Prag. Versprochen?

Ja.

Versuchst du, zu Hause glücklich zu sein?

Ja.

Fängst du noch mal ganz von vorn an? Wirst sehen, so schwer ist das gar nicht.

Ja, sagt er, zu Hause stelle ich mich den Möglichkeiten

wieder. Ziehe Bilanz. Wir werden einander ein wenig vergessen und uns manchmal sehen oder anrufen.

Wir können nicht schlafen.

Er kniet auf mir wie auf Grundbesitz.

Vielleicht beruhigt uns das, sagt er. Denn manchmal bedeutet mit dir ins Bett zu gehen, zufrieden und vollendet zu sein und sich nichts zu wünschen außer müdem Vergessen.

Warum weinst du dann?, frage ich. Es gibt nichts zu beweinen. Ich glaube sogar, in gewisser Weise bist du froh, wieder nach Hause zu kommen.

Ja, sagt er. Wenn es eine Lösung gibt, finde ich sie zu Hause. Komm mir bitte nicht hinterher, ja? Versprichst du mir das?

Ich muss lachen. Hat er wirklich Angst, ich könne wie eine Klette an ihm hängen bleiben?

Da mach dir mal keine Sorgen, sage ich.

Es ist spät. Es ist schon weit nach Mitternacht.

Es ist schon der 27. September 1970.

Am Morgen sitzt mir der Abschied wie ein Kloß im Hals.

Unter unserem Zimmerfenster steht ein Esel und gibt ein rostiges Ih-Ah von sich. Wir können das Geräusch zuerst nicht einordnen.

Die Sonne scheint. Der Himmel ist blau. Die Landschaft ist schön. Es ist viel offensichtlicher Herbst als noch vor zwölf Tagen.

Wir fahren mit dem Anglia nach Belgien.

Wir überqueren die Grenze.

Wir sind fast zu Hause.

Wir legen die letzten Kilometer zurück.

Ich werde ihn in die Randgebiete meines Lebens verbannen. Ich wende mich anderen Dinge zu. Es geht nicht anders, ich gehöre zu anderen Menschen. Und diese Menschen habe ich übrigens auch lieb. Und er wird mich verbannen. Er gehört zu anderen Menschen und anderen Dingen.

Und es ist gut so, wie es ist. Denn Wien ist vorbei.

8

Ich will mit dir auf Leben und Tod spielen,
Brüderchen. Und Ersticken ist ein harter Tod.
Ist es richtig, Harry? Ist das dein Schicksal?
Frei nach Hermann Hesse, *Der Steppenwolf*

Gent, vor so langer Zeit; die heruntergekommenen Zimmer im alten Sint-Kwintensberg und im Sint-Pieters-Viertel. Die Häuser der Graslei, diese grauen Schlösser, die Petunienfenster überm schwarzen Wasser.

Marc, der sich eine Kugel in den Kopf jagt wie in den alten russischen Geschichten.

Rudolf, der im Kreis seiner sieben Schwestern Gedichte schreibt.

Die Wäscheleinen in der Godshuishammeken und in Patershol.

Die Brücken aus Stahl, Holz und Kopfsteinpflaster über Leie, Schelde und Kanäle.

Die aufblitzenden Straßenbahnschienen zwischen den dahingleitenden Möwen, die eigens zum Kreischen vom Hafen in die mittelalterliche Stadt gekommen sind.

Das weiße Licht in den nächtlichen Beginenhöfen.

Und außerhalb der Stadt das Schilf und die Holzstöße und die Heuballen in Afsnee, Deurle und Zwijnaarde, im Land Karels van de Woestijne, *Wie traurig ist der Regen doch im Herbst?*

Professor Herman, der uns alles beibringt: »Sagen Sie doch Kunst statt Kunscht.«

Munch lässt ratlose Frauen auf Brücken schreien.

Franz Marc fällt 1916 vor Verdun.

August Macke fällt mit 27 Jahren bei Perthes.

Georg Heym und die Verrückten, die wie Schmetterlinge durch die Gänge der Anstalt flattern.

Ernst Stadler. Er fällt im Seewind der Westhoek in Flandern, zwischen weißen Bauernhöfen und nassgeregneten Herbstchrysanthemen.

Georg Trakl ist ziemlich verliebt in seine eigene Schwester. Mit 27 setzt er seinem Leben durch Betäubungsmittel ein Ende.

Rilke im *Malte L. Brigge*: *Geliebtwerden ist vergehen, Lieben ist dauern.*

Heinrich von Kleist nimmt Henriette mit an den Wannsee. Gent und all die dahingegangene, verlorene Zeit, die uns unfertig zurückgelassen hat, unmündig und bestürzt.

In einem Brief, Ende September 1970:

Wien war mehr als das erneute Durchleben der Vergangenheit. Damals in Gent haben wir so viel nicht mitbekommen, weil wir in gewisser Weise nicht reif dafür waren, keine Basis dafür hatten. Ich jedenfalls nicht. Alles ist im Schlummerzustand geblieben und taucht jetzt ab und zu auf, um endlich gewürdigt zu werden. Das war eins der Grundgefühle, die Wien zu der Erfahrung gemacht haben, die es war: das Gefühl von Kohärenz, vom Zusammenkommen hunderter Kleinigkeiten zu einem sinnvollen Ganzen.

Ende September:

Es geht ihm gut, glaube ich. Er ruft jeden Abend an und erzählt mir, was er den Tag über erlebt hat, ganz normale Sachen.

Seine Stimme klingt am Telefon ziemlich monoton. Meine allerdings auch, behauptet er.

Das Telefon ist ein dürftiges Kommunikationsmittel. Manchmal würde ich gern sein Gesicht sehen, um den Unterschied zwischen Ernst und Ironie oder Freude darauf ablesen zu können. Zum Beispiel, wenn er sagt: Kdoulička, die Heide um dein Haus sieht aus wie die Steppe. Gibt es auch Wölfe bei dir in der Steppe?

Kdoulička, weißt du noch, als dein Name Hermine war?

Kdoulička, hast du den *Steppenwolf* von Hermann Hesse schon gelesen?

Oktober:

Kdoulička, weißt du, was *Russian Roulette* ist?

Ja, nein, nicht so richtig, sage ich.

Und er liest mir einen Text vor, auf Englisch wohlgemerkt und bei gestörter Verbindung, sodass ich nur hier und da einzelne Wörter verstehe: *Uncertainty of outcome – a gamble with life – survival depends – chance.*

Erkennst du's, Kdoulička?

Ja, sage ich, ja.

Es kommt mir bekannt vor. Wahrscheinlich steht das Buch sogar irgendwo bei mir im Regal.

Wofür brauchst du den Text denn?, frage ich.

Ach, sagt er, ich mache doch diese Untersuchung, von der ich dir erzählt habe.

Ja, sage ich, hast du schon angefangen? Kommst du voran?

Kdoulička, versuchst du mal rauszufinden, woher der Text stammt?

Ehm, ja, sage ich, sicher. Brauchst du den kompletten Text? Und findest ihn nicht? Wenn ich kann, helfe ich dir natürlich.

Was er bestimmt gedacht hat:

Sie weiß nicht mal mehr, dass das in einer meiner eigenen Erzählungen steht. Alles steht darin, sie muss nur die richtigen Schlüsse ziehen, eins und eins zusammenzählen. Aber ich will ihr keine konkreten Hinweise geben. Sie muss die

Rätsel selbst ergründen, so wie auch ich lernen musste, sie zu ergründen. Ich will wissen, was unterm Strich bei ihr herauskommt und ob sich das von meinem Ergebnis unterscheidet. So halte ich mir offen, dass es noch eine andere Sichtweise gibt, der ich mich anschließen könnte.

4. Oktober:

Er ruft schon am Vormittag an.

Kdoulička, hilf mir. Ich kann nicht mehr. Ich kann zu Hause nicht weiterleben. Anna übrigens auch nicht, aber sie glaubt, sie kann mich noch halten. Sie will mich nicht verlieren. Sie hat Angst. Sie hat mir die Klauen ins Fleisch geschlagen. Es ist eine Katastrophe.

Ich denke: Wie kann ich ihm nur klarmachen, dass wir uns in diesem Haus längst mit der Erkenntnis abgefunden haben, einander sehr unvollkommen zu lieben, und damit glücklich sind? Wir wünschen uns Ruhe, Frieden, Freundschaft – und ist das nicht eigentlich schon Liebe? – und wissen, das ist das Niveau, das wir meistens miteinander erreichen können.

Kdoulička, *jetzt überflutet der Schmerz auch den Morgen.*

Was?

Pavese.

Ich denke: Was soll ich tun?

Ich frage: Willst du vorbeikommen?

Er kommt und findet uns am großen Küchentisch versammelt, wo wir bei Kaffeeduft und Limonadenschein Waffeln und Apfelkuchen essen.

Möchtest du Kaffee?

Gern, sagt er und lächelt, weil Kinder mit am Tisch sitzen. Er sieht müde aus, abgekämpft.

Es sind meistens die Hände, an denen ich erkenne, wie

erschöpft jemand ist. Müde Menschen schaffen es nicht, ihre Hände sauber zu halten. Die werden sofort wieder klebrig und grau, als hätte sich der Staub in der Haut und unter den Nägeln festgesetzt.

Kommst du mit, Didier?

Wir spazieren durch die Heide.

Sieh mal, Kdoulička, da wächst Herrenpilz, sagt er. Der schmeckt gut. Probierst du den zu Hause?

Ja.

Es regnet.

Kdoulička, ich gebe auf, ich kann nicht mehr, ich setze mich ins Auto, es muss ein Ende haben.

Nein, sage ich entsetzt, tu das nicht, das darfst du nicht. Mit dem Auto? Da kannst du doch auch andere Menschen umbringen, sogar Kinder, wenn du einen Unfall provozierst.

Nein, sagt er, das kommt natürlich nicht infrage. Das Risiko würde ich nie eingehen.

Was denn dann, sage ich, willst du vor einen Baum fahren?

Ach, Kdoulička, du verstehst mich nicht.

Ich denke: Ich muss ihn dazu bringen, dass er weiter darüber spricht, er muss bei mir alles loswerden können Es ist nicht das erste Mal, dass ich von jemandem höre, er wolle aufgeben. Ging es mir nicht sogar selbst schon so, vor langer Zeit, als ich keinen Ausweg gesehen und müde und erschöpft darauf gehofft habe, mit meinem Hilferuf jemanden zu erreichen, der Rettung oder ein Wunder bringen würde?

Wenn man ratlos ist, neigt man zu Übertreibungen, und rückblickend, wenn die Schwierigkeiten überstanden sind oder man sie akzeptiert hat, kann man über seine absurde Schwäche nur den Kopf schütteln. Man lebt, und wer weiß, wozu das gut und wichtig ist? Es lohnt sich, für die eine Aufgabe zu leben, die man vielleicht erst in zwanzig Jahren erfüllen muss.

Stellst du bitte keine Dummheiten an, bettle ich.

Keine Ahnung, sagt er, es steht schon geschrieben.

Ruf mich sofort an, wenn es nicht mehr geht, ja?

Ich denke: Dann kann ich ihn noch retten. Menschen, die über Verzweiflungstaten *sprechen*, warten im Grunde darauf, gerettet zu werden.

Ja, natürlich, sagt er. Ich rufe dich an und sage: Kuhglocken.

Wie absurd das klingt, denke ich, vor allem, weil wir durch die Heide laufen, wo, wie sollte es anders sein, Kühe stehen, die uns mit ihren lieben, glänzenden Augen ansehen, am liebsten würde ich ihnen was Liebes sagen.

Versprochen? Kann ich mich darauf verlassen? Werden wir noch ganz lange glücklich sein?

Aber natürlich, Kdoulička.

Willst du denn gar nicht mehr nach Prag?

Jaja, sagt er, im Frühling.

Ach, Didier, ich wünschte, wir wären einfache, stinknormale, sterbenslangweilige Menschen.

Dann hätten wir trotzdem unsere Probleme, sagt er, sterbenslangweilige.

Ich bin erleichtert, weil er lacht, und glücklich, weil ich vermutlich doch etwas bei ihm erreicht habe.

Oktober:

Kdoulička, ich bin mir bei einem bestimmten Wort nicht ganz sicher. Heißt es *krepieren* oder *kripieren*?

Krepieren, sage ich. Wieso?

Pavese, sagt er, dreißig Jahre Untergang, krepiert am Leben, ich dachte, es hieße *kripiert*.

Soll ich es für dich nachschlagen?

Nein, sagt er, schon gut.

Oktober:

Hermine, ich bin zu nichts zu gebrauchen. Ich versuche, das Beste aus allem zu machen, aber ich glaube, ich kriege die Kurve nicht mehr.

Oktober:

Hermine, nur du kannst mir helfen. Rette mich.

Wie denn, denke ich, wie?

Ich lese Pavese. Das Letzte, was Stig Dagerman gelesen hat, bevor er in die Garage ging, die Türen schloss, den Motor anließ, vielleicht noch versucht hat, wieder nach draußen zu kommen, und starb.

Es war auch das letzte Buch, das Professor Herman gelesen hat, sagt Didier.

Ich komme nicht dazu, den *Steppenwolf* zu lesen. Ich lese ohnehin nicht gerne Bücher, die gerade in Mode sind.

Kann ja sein, sagt Didier, aber ich lese es nicht zum ersten Mal. Das habe ich vor Jahren schon getan. Es stand doch auf der Lektüreliste von Professor Herman. Weißt du das etwa nicht mehr?

Oktober:

An manchen Tagen habe ich unbeschreibliches Heimweh nach ihm. Oder nach den Glücksmomenten der Vergangenheit, nach dem, was vorbei ist und festgehalten werden will und sich in den Vordergrund drängt.

Wenn er nicht anruft, tue ich es. Er geht nicht dran. Später an diesem Abend klingelt das Telefon.

Hast du angerufen, Kdoulička?

Ja, sage ich.

Hab ich mir schon gedacht, sagt er. Ich wusste, du würdest anrufen. Ich will nicht immer für dich da sein. Du darfst nicht zu weit in mein Leben vordringen. Besser, du verlernst mich.

Oktober:

Oder er ist doch zu Hause, wenn ich anrufe: Bist du's, Kdoulička? Ich habe dir nichts zu sagen. Ich war gerade mit etwas Wichtigem beschäftigt. Ich kann nicht so schnell auf dich umschalten.

Oktober:

Hast du den Herrenpilz gegessen, Kdoulička?

Nein, es lief braunes Wasser raus, da habe ich ihn weggeworfen.

Oktober:

Kdoulička, lies mal das *Gebet um ein gutes Ende.*

Von Maurice Roelants, frage ich, in dem er Gent beschreibt, die alten Viertel, die Graslei, die Kanäle? Das habe ich schon vor Jahren gelesen.

Es ist auch ein Bittgebet, sagt er, vor allem gegen Ende, ein Bittgebet, sich nicht den Tod zu wünschen, sondern das Leben.

Wusstest du, sage ich, dass in manchen Dialekten das Wort *lies* im Sinne von *bete* gebraucht wird? Meine Mutter hat das immer zu mir gesagt: Lies dein Ave Maria.

Ja, Kdoulička, lies das *Gebet um ein gutes Ende.*

Oktober:

Das alles zermürbt mich so.

Ich glaube, er inszeniert die ganze Zeit, provoziert mich, um zu testen, wie ich reagiere, ob ich auch nicht böse und hitzig werde wie seine »Anna saß auf einem Stein, einem Stein, lieb Ännchen, warum weinest du?«.

Arme Anna, denke ich, wie müdegequält und müde vom Quälen muss sie erst sein! Warum erkennt sie nicht, dass sie ihn erst besitzen kann, wenn sie keinen Wert mehr auf Besitz legt? So versucht Didier jedenfalls zu denken, natürlich mal wieder nach dem guten alten Vorbild Rilke.

Und ich? Muss ich jetzt auch noch Anna sein? Versucht er, mich genauso zu quälen wie sie?

Ich habe ihn in Wien doch geliebt, denke ich. Und er hat mich geliebt, das hat man an tausend Kleinigkeiten gemerkt.

Er ruft mich an: Was machst du gerade, Kdoulička?

Hast du mich lieb?, frage ich.

Liebhaben, sagt er, ich weiß nicht mal, was das bedeutet.

Aber wenn du liebhaben könntest, hättest du mich dann lieb?

Weiß ich nicht.

Wollen wir uns lieben, solange es nur irgendwie geht?

Über Zeit will ich nicht nachdenken, sagt er, mach's gut, Schwesterherz.

Warum nennst du mich so?

Ich denke: Das klingt schon wieder so absurd.

Einfach so, sagt er. Wärst du nicht gern meine Schwester?

Ende Oktober sehen wir uns:

Wollen wir uns gegenseitig Vorwürfe machen oder lieber ein Band knüpfen, das stärker ist als Liebe und Freundschaft? Das Band der Blutsverwandtschaft?

Wir erklären uns zu Bruder und Schwester, auf immer unzertrennlich.

Vorwürfe sind bloß eine Nebenwirkung unserer Zusammengehörigkeit. An Tagen, da wir den andern brauchen, können wir alles Bindende und Trennende vergessen und einfach zusammengehören. Verbotene Spiele. Er will wieder *Jeux Interdits* auf der Gitarre spielen.

Aber er hat die Melodie vergessen. Hat die Griffe vergessen. Er sieht mich an: Ich kann es nicht mehr, sagt er, was früher ging, geht jetzt nicht mehr. Was ist nur los, Kdoulička? Was bleibt denn dann noch?

Nach Gent fahren und uns ansehen, wo wir gewohnt haben. An der Leie, an der Schelde. Aber alles ist abgerissen. Nichts bleibt.

Im November ist Professor Herman drei Jahre tot.

Wir können noch miteinander schlafen.

Zieh dich aus, Schwester, dann schlafe ich mit dir.

Und was kommt danach?

Das bittere Ende.

So wie in Viscontis *Sandra – Die Triebhafte*. Wenn man Blutschande begangen hat, darf man Hand an sich legen, egal, wie.

Es ist dann fast schon Pflicht, Hand an sich zu legen

oder sich die Augen auszustechen wie in den griechischen Tragödien, und als blinder Sänger durchs Land zu ziehen.

Ich sage nicht, was ich denke.

Ich weiß nicht, was er denkt.

Ich lächele einfach nur.

Aber schlafen tue ich nicht mit ihm, und von jetzt an fühle ich mich nicht mehr sicher, wenn er mich Schwester nennt. Ganz bestimmt werde ich ihn niemals Bruder nennen.

Oktober:

Ich träume, ich würde ihn suchen, aber nirgendwo finden.

Vielleicht hast du Angst bekommen und willst mich
gar nicht mehr finden, sagt er.

Aber das ist es nicht; obwohl ich mich nach ihm sehne,
habe ich ihn aufgegeben.

Oktober:

Du musst dir den *Wozzeck* von Alban Berg anhören, Schwesterherz. Die Stelle mit den Kindern. Am Ende. Als die Frau schon tot ist, kommen die Kinder und spielen und reden. Unbeschreiblich. Bleib am Apparat, Schwesterherz. Hörst du das? Ich habe es lauter gedreht. Wusstest du, dass Alban Berg versucht hat, sich umzubringen? Und dass er zeit seines Lebens in Wien gewohnt hat?

Oktober:

Schwesterherz, du musst dir »Suzanne« von Leonard Cohen anhören.

Jaja, ich weiß schon: Ich nehme dich mit in meine Stadt am Fluss; du kannst die Boote vorbeifahren hören,

du kannst die Nacht neben mir verbringen.

Und du weißt, ich bin ein bisschen verrückt, aber gerade deshalb willst du bei mir sein. Und als du mir eben erzählen willst, du könntest mir keine Liebe geben, lasse ich den Fluss antworten, dass ich dich immer geliebt habe.

Und du willst mit mir auf die Reise gehen, du willst blind mit mir auf die Reise gehen.

Und du weißt, ich vertraue dir, denn du hast meinen Körper mit deinen Gedanken berührt.

26. Oktober:

Mein Großvater liegt im Sterben, sagt er. Ich war bei ihm. Ein bewegender Moment. Er hat meine Geburt miterlebt. Ich schreibe jetzt eine Erzählung über ihn. Du kannst sie lesen.

Aus der Erzählung: *Ein Bund klimpernder Autoschlüssel*

Der Tod kreiste weiter über mir wie ein krächzender Geier, und ich vergrub mich in den Tagebüchern und Briefen und Romanen und Novellen der Selbstmörder. Ich lernte, den echten Tod vom falschen zu unterscheiden, Spiel von Ernst, die großen Selbstmörder von den Komödianten und Geltungssüchtigen.

Und setze mich für ein weiteres Entkommen an die Schreibmaschine. Nein, ich würde nicht mehr versuchen zu entkommen. Zumindest nicht dem Tod. Ich konnte es Stig Dagerman gleichtun. Oder der Frau aus Wien, die einen Plastikschlauch mit dem Auspuff ihres Wagens verband und ihn durch ein Loch ins Auto führte. Man schläft langsam mit einem Lächeln auf den Lippen ein. Es gibt nichts mehr zu erfüllen.

Spürt er etwas vom Tod, der mich begleitet? Den ich in der Tasche trage: ein Bund klimpernder Autoschlüssel.

November:

Wollen wir eine Erzählung über Wien schreiben, Kdou-ličká? Du schreibst deine Version und ich meine. Ich würde dich gerne sehen, was meinst du? Dann können wir darüber sprechen.

Dienstag, 10. November

Er vergräbt den Kopf in meinem Nacken. Ich bin so müde, sagt er. Schlaf mit mir, Schwesterherz.

Er kniet auf mir wie auf Grundbesitz, so ruhig, so bedächtig, wie ich es nie für möglich gehalten hätte.

Und danach, noch halb vornübergebeugt, sieht er durch das große Fenster in die Nacht hinaus, so lange, so endlos lange, dass ich unruhig werde und sage: Ist was? Warum guckst du so? Ist da jemand?

Nein, sagt er.

Warum guckst du dann so?

Einfach so, sagt er, damit ich weiß, wie es heute Nacht aussah, *du Vogel*, manchmal erinnerst du mich an einen lieben, kleinen, ruhigen, trägen Vogel.

Es klingt nach einem Kosenamen für ein Kleinkind, aber vermutlich bedeutet es etwas anderes. Nur was? Vielleicht geht er davon aus, dass ich immer weiß oder zumindest ahne, was er selbst weiß und meint. Und ich sage nichts und lächele ihn wieder mal nur an, was er als Ja oder Nein oder wie auch immer deuten kann.

Er geht.

Sei vorsichtig, ja?

Das bringt ihn zum Lachen.

Mit dem Wagen, meine ich, fahr bitte vorsichtig.

Jaja, sagt er, mach's gut, Schwester, leb wohl.

Aber wir sehen uns doch wieder, sage ich. Ich denke: Wenn ich ihm etwas bedeute, kommt er zurück.

November:

Er kommt nicht zurück. Ruft nicht ein einziges Mal an.

Ich weiß jetzt, was mit *Vogel* gemeint war: Die Frau, die Heinrich von Kleist an den Berliner Wannsee mitgenommen hat, hieß Henriette Vogel.

Und hier bin ich, in meinem Haus, umgeben von allem, was mir lieb ist. Und fünfzig Kilometer weiter ist er und will mich in eine Rolle drängen, fragt sich wahrscheinlich, ob ich für ihn bis ans Ende der Welt gehen würde.

Aber ich bin an andere Menschen gebunden als an ihn. Und diese Menschen habe ich übrigens auch lieb.

Und dass er mich mitnehmen will wie Henriette Vogel, aber mich nicht mal besucht, nicht mal anruft, und zu mir sagt: Ich liebe dich, auch wenn du mich nicht so lieben kannst, wie ich es mir wünsche.

Ach, was rede ich mir da ein. Ich bin hoffnungslos mythomanisch. Wahrscheinlich experimentiert er bloß gerade mit dem herum, was mal unsere Erzählung über Wien werden soll. Was weiß ich schon von seinen Arbeitsmethoden? Vielleicht versucht er, gedanklich zu inszenieren, was von allein nicht passiert?

Mich verletzt nur, dass er sich von mir abwendet, mich links liegen lässt nach allem, was wir in Gent und Wien erlebt haben. Morgen sind es zwölf Tage, dass ich nichts von ihm gesehen oder gehört habe. Ich kann mir sein Schweigen nur mit Gleichgültigkeit erklären. Laut Professor Herman hat Kleist Henriette nicht mal mehr geliebt, als er sie zum Wannsee mitgenommen hat. Er wollte bloß nicht allein sein. Er wollte erst jemand anderen sterben sehen, bevor er sich das Gleiche antat.

Und dann, wissen, dass jemand einen so sehr liebt, dass er mit in den Tod geht, auch noch als Erstes und damit im vollsten Vertrauen, dass man den Revolver danach auf sich selbst richtet.

Und so Lieben ist dauern, und so Geliebtwerden ist vergehen.

Wie soll ich bloß durch den Tag kommen? Mit dem Erfinden von Wortspielen: Heinrich. Henriette.

Didier. Dirk. *A dirk* ist im Englischen ein kurzer Dolch. *To dirk* heißt totstechen, durchbohren.

Didier. Diederik. Dietrich (von Elsass, aus den Geschichtsbüchern). Drika. Hendrika. Henriette. Heinrich.

Quitte heißt auf Französisch *coing.*

Coi oder *coite* heißt Ruhe, Stille.

Coite kommt von lateinisch *coire* und bedeutet wörtlich zusammen gehen.

Coi heißt geh mit, komm mit, Kdoulička.

Ite, missa est, gehet hin in Frieden.

Koitus bedeutet: zusammen gehen in friedlicher Stille. Ich sollte was anderes tun. Den *Steppenwolf* lesen. Aber etwas hält mich davon ab. Ich kann nicht sagen, was.

21. November:

Er ruft an. Ich gebe ihm nicht die leiseste Chance, sich bei mir einzuschmeicheln. Hör mit diesen unsinnigen Spielchen auf, sage ich, ich bin nicht dein Mülleimer für abgenutzte literarische Höhepunkte. Du hast mir nie zugehört. Ich musste immer nur dir zuhören. Vergiftet hast du mich. Du hast keine Ahnung, was Liebe ist, du schaffst es ja nicht mal, in deinen eigenen vier Wänden zu tun, was dich glücklich macht.

Sieh dir bloß mal deine Frau an, deine arme Anna. Ich habe dir nie etwas bedeutet. Ich hasse dich schon fast, du hast mir den Glauben an die Freundschaft geraubt. Du bist zu früh nach meiner Mutter gekommen.

Ich durchschaue dich und dein Gejammer und deine eingebildete Tragik.

Ich weiß genau, wie das Glück aussieht, das ich erleben möchte. Aber du, du hast gar nicht den Mut, jemanden glücklich zu machen.

Ich glaube, ich habe dich schon in Wien durchschaut. Du hast mich nur benutzt, um in deinem Schicksalsmythos den tragischen Helden spielen zu können.

Kdoulička, sagt er. Rühr nicht an Wien,

rühr nicht an Wien, Kdoulička. Wir haben Wien zusammen erschaffen, wir haben nichts inszeniert. Es ist uns widerfahren. Es hat uns gezwungen, Position zu beziehen. Du glaubst doch noch an Wien, Kdoulička, sag ja. Bitte, sag ja. Ich habe dir nichts vorgelogen. Ich wollte ausprobieren … Weißt du, warum ich dich nicht mehr angerufen habe? Ich wollte jetzt schon … Ach, nein. Ich wollte ausprobieren, ob ich zwölf Tage ohne dich leben kann. Weis mich nicht zurück. Ich will schweigen, ich werde den Mund nicht mehr auftun, ich höre dir zu. Du bist mein einziger Trost.

Ich will ihm wehtun, und indem ich ihn verletze, tue ich mir selbst weh. Ich habe *dich* in Wien aber inszeniert, sage ich, stell dir vor! Ich wollte testen, wie weit ich dich kriegen kann, habe Situationen provoziert, auf die du dann ach so kindlich traurig angesprungen bist, und aus denen du dir deinen großen Mythos zusammengebraut hast.

Ich mache mich kaputt. Ich kann ihm nicht sagen, dass ich mich so sehr nach seiner Freundschaft, nach seiner Liebe sehne, dass ich nur *ein* Wort von ihm hören will: Milenka, meine Liebste. Komm, lass uns das beenden und wieder glücklich sein.

Und das, obwohl ich weiß, dass ich ihn auch nicht lieben kann, jedenfalls nicht im herkömmlichen Sinn, ich bin ja an andere Menschen gebunden. Und diese Menschen habe ich übrigens auch lieb. Ich kann meine eigenen Menschen nicht aufgeben. Ich bin verzweifelt.

Das hat keinen Stil, sage ich.

Man kann nicht mit Stil enden, sagt er.

Was?

Pavese.

Da geht es schon wieder los, denke ich. Meine Güte, warum kann er nicht glauben, sehen, fühlen, Entscheidungen treffen, sich notfalls ein Herz aus Stein zulegen, irgendetwas tun, was die Ruhe, den Frieden wiederherstellt, sodass wir trotz aller Sorgen und Schwierigkeiten den anderen als Zufluchtsort in der täglichen Mühsal behalten können?

Kdoulička, bist du noch dran? Warum sagst du nichts mehr?

Schon wieder Pavese, sage ich, immer Pavese oder meinetwegen Kleist, Rilke, Hesse, das war es dann wohl. Ich glaube, wir brechen das Gespräch lieber ab. Es führt ja doch zu nichts. Wirklich ein Jammer, dass es auf diese Weise enden muss.

22. November:

Ich kämpfe dauernd mit den Tränen, aber ich versuche, mich mit Stolz zu panzern.

Und ich bin müde vom wochenlangen Schwebezustand zwischen Anziehung und Abstoßung, müde von den Fragen, auf die ich die Antwort gar nicht wissen will.

Ich habe ihn nicht aufgegeben. Ich will dafür leben, dass auch er weiterlebt. Aber ich kann ihm nicht helfen. Ich gehöre einer anderen Spezies an. Auch wenn das keine Entschuldigung für meine Ohnmacht ist.

Ich rufe ihn an: Verzeihst du mir?

Ja, sicher, sagt er, aber … so wie früher kann es nie mehr werden. Mach's gut, Kdoulička.

November:

Es gibt viele Arten zu lieben.

Am häufigsten liebt man in der Hoffnung, glücklich zu werden.

Aber ihn zu lieben bedeutet, einen sinnlosen, von ihm und mir eigenhändig geschaffenen Schmerz zu bejahen.

Letzten Endes verkrafte ich diese Art zu lieben nicht. Es ist mir nicht bestimmt, ihn zu lieben.

Den Schmerz fühle ich trotzdem.

Gefunden im Januar:

Ich werde sie nie mehr wiederfinden.

Ich weiß, ich habe mich selbst immer so erlebt, aber ich stecke in einer Hülle, die andere mir auf den Leib geschneidert haben.

Scham ist nicht mehr möglich. Es gibt keinen Schein mehr zu wahren. Die Theatermaske wurde heruntergerissen. Mir kann nichts mehr zustoßen. Das letzte Geheimnis ist preisgegeben.
    Weis mich zurück. Das ist die notwendige Befreiung von der Bürde des Scheins.
    Ich werde dich weiterführen, nach Vindobona auf dem Weg nach Hause. Ich will schweigen, ich werde den Mund nicht mehr auftun. Ich höre zu.

Es ist ein verflucht seltsames Gefühl, sich von jemandem zu verabschieden, den man danach nie mehr wiedersehen wird. Vor allem, wenn dieser Abschied später am Telefon noch mal bekräftigt wird: Ich glaube, wir brechen das Gespräch besser ab. Es führt doch zu nichts. Wirklich schade, dass alles so enden muss.
    Da steht man dann, starrt dem Klicken im Telefonhörer hinterher, und denkt darüber nach, was das alles zu bedeuten hat und wie es sich ineinanderfügen lässt und dass man diesmal genauso wenig dahinterkommen wird wie bei all den anderen Begegnungen und Ereignissen.

Und man könnte weinen vor Reue, dass man sich wieder mal in die Irre hat leiten lassen.

Jetzt fängt die endgültige Suche an. Nein: Die dreizehn Brücken werden niemals überquert. Jede Brücke führt zu einer Tür. Hinter jeder Tür: eine neue Tür? Ich glaube nicht an die Sage:

Die Königin sandte Diener aus, um einen Ort für ihr neues Reich zu suchen. Sie ritten über Berg und Tal, bis sie an einen offenen Platz gelangten. Und auf diesem Platz errichtete gerade jemand eine Tür. Keine Wände, kein Haus, bloß eine Tür. Und dann sagte einer der Männer: Hier entsteht die Hauptstadt für das neue Reich: Die Tür. Eine Tür ins Nichts? Oder eine Tür hin zu Allem? Oder bloß eine Tür zu lauter Lügen: Eine Tür ins Mausoleum, in die Leichenkammer, zu den einbalsamierten Mumien, verwickelte Sätze, Wörter, ihrerseits einwickelnd. Die dreizehn Brücken werden niemals überquert:

dreizehn Namen und jeder Name eine Brücke und jede Brücke führt zu einer Tür und hinter jeder Tür eine neue Tür.

Ich gebe dir Namen, schlage Brücken zu dir: Und eines Tages ziehst du deine Mauern wieder hoch und wirst zur belagerten Festung.

Sieben Hügel liegen an der Flussbiegung – durch diese Landschaft läuft ein Mann, ein bisschen krumm, ein bisschen müde, manchmal richtet er den Blick nach links oder rechts, aber meistens auf den Boden. Und in dieser Landschaft steht er plötzlich vor einer Tür. Hinter der Tür ist Raum für eine Begegnung, eine Stimme, eine Geste. Er klopft an; als keine Antwort kommt, drückt er die Tür auf, und auf der anderen Seite setzt sich die Ebene fort. Es war nur eine Tür.

PRAHA. Eine Tür ins Nichts.

Die dreizehn Brücken werden niemals überquert: Dreizehn Namen und jeder Name eine Brücke und jede Brücke führt zu einer Tür und hinter jeder Tür eine neue Tür. Ich gebe dir Namen, schlage Brücken zu dir, und eines Tages ziehst du deine Mauern wieder hoch und wirst zur belagerten Festung oder entpuppst dich als Tür inmitten einer grünen Landschaft: eine Stadt aus Himmel und Wolken und Nichts, errichtet auf sieben Hügeln in der verschlungenen Umarmung eines Flusses.

Dies ist nicht einmal mehr Suchen: Wörter, Sätze: Wickel um eine Vergangenheit, eine Illusion, nicht wiederzuerkennen.

Kdoulička: der Name entstand erst im Nachhinein.

Wäre er auch ohne flüchtige Vergangenheit entstanden? Wie kommen die Dinge zu ihren Namen? Wie kam Gott an die Namen für seine Schöpfung? Weißt du noch, als du Hermine hießt? Aber das war früher, als es Kdoulička noch nicht gab, als sie nicht mehr war als ein lächelndes Gesicht und eine Jacke mit

Kdoulička: Der Name entstand erst im Nachhinein. Wäre er auch ohne Geschichte, ohne Vergangenheit entstanden?

Nein, ich kann diese Erzählung unmöglich schreiben: Besteh nicht darauf.

Was wäre damit gewonnen? Was könnte dem Ereignis hinzugefügt werden, was wir nicht schon wissen? Was könnte der Erfahrung des Moments hinzugefügt werden, was wir nicht erfahren haben? Und wem sollen wir es mitteilen? Und warum wollen wir es mitteilen? Und wer will es mit-teilen? Wollen wir vergangene Momente heraufbeschwören? Es gibt keinen einzigen Beweggrund für diese Erzählung. Nicht mal die eigentlich nötige Entzauberung, Herabstufung, Zerstörung – das Totale lässt sich genauso wenig entzaubern, herabstufen, zerstören wie das allumfassende Nichts. Sich auflösen. Spurlos verschwinden: das vollkommene Nichts, das totale Nichts.

Ein Gedicht TUN, Kdoulička.

Kdoulička. Du weißt, welches Gedicht ich meine.

es gibt sie nicht. es gab sie. es gab sie nie.

es gibt sie. ohne anfang ohne ende.

»Das, was geschieht, hat einen solchen Vorsprung vor unserm Meinen, dass wirs niemals einholn und nie erfahren, wie es wirklich aussah.« (Rilke, *Requiem für Wolf Graf von Kalckreuth*)

11. Dezember:

Wir haben uns getroffen. Es war nicht möglich, auch nur seine Hand zu berühren, denn er gab sich kühl und gleichgültig wie jemand, der schon nicht mehr da ist.

Ich lese aber noch Bücher, die ich mit dir verbinde, sagt er. Den *Ackermann aus Böhmen* und nach wie vor den *Steppenwolf*. Hast du den inzwischen angefangen?

Nein, sage ich, noch nicht. Vielleicht in den Weihnachtsferien, dann habe ich mehr Zeit. Im Moment komme ich mit der Arbeit einfach nicht hinterher.

Komm mit, ich will dir jemanden vorstellen, sagt er. Einen Freund von mir, er ist Tscheche. Frisch aus Prag zurück. Er kann dir beim Tschechischlernen helfen. Du willst doch immer noch nach Prag?

Draußen ist es glatt, und dunkel.

Er holt den Anglia aus der Garage.

Rutscht aus.

Vorsicht, sage ich, es ist glatt.

Das Auto unserer Bestimmung, denke ich, wie lange das schon her ist.

Und mich überkommt dasselbe Glücksgefühl wie damals, das sichere Wissen, dass etwas Bedeutsames bevorsteht.

Er lässt den Motor auf Hochtouren laufen.

Wir hören eine Weile nur zu.

Er fährt den Hang hinunter. Gibt Gas.

Anfangs denke ich, er will verhindern, dass der Wagen

ausgeht, aber wir werden immer schneller. Er sieht nicht nach rechts oder links, biegt ab, ohne zu verlangsamen.

Natürlich kennt er den Weg, vermutlich weiß er, dass hier keine Gefahr droht, bestimmt will er mir nur Angst machen.

Sagen tut er nichts.

Ich klammere mich fest, ohne es ihn merken zu lassen.

Es ist, als befänden wir uns außerhalb von Raum und Zeit.

Und wenn wir irgendwo zerschellen? Ich habe keine Angst. Es wird nichts passieren. Die Zeit ist noch nicht reif. Ich habe auch keine Angst, als die rote Ampel an der Landstraße nach Leuven auftaucht.

Er tritt auf die Bremse, hält an. Tastet nach den Zigaretten. Ich sehe ihm nicht ins Gesicht. Vielleicht will er dann wissen, ob ich Angst hatte, ob ich mich gefragt habe, was er mit uns vorhat. Oder mir wird plötzlich klar, dass genau dasselbe schon einmal passiert ist, in der Nähe der Donau in Deutschland.

Nein, denke ich, jetzt bilde ich mir etwas ein. Er würde niemals willkürlich andere Menschen in Gefahr bringen. Das sind Hirngespinste. Wahrscheinlich, weil meine Nerven blank liegen, weil ich mit allen Sinnen verzweifelt nach einer Möglichkeit taste, zu ihm durchzudringen, zu ihm einzugehen.

Wir fahren langsam in die Stadt hinein.

Das ist Hermine, sagt er zu seinem Freund. Benannt nach ihrer tschechischen Großmutter. Sie ist auf der Suche nach ihrem Heimatland.

Eigentlich heiße ich gar nicht mehr so, sage ich, es ist lange her, dass mich jemand Hermine genannt hat. Jetzt benutze ich meinen zweiten Vornamen, Louise.

Wir unterhalten uns. Didier sitzt auf dem Dielenboden, im Dufflecoat, seine Fußspitzen ganz nah an meinen. Ich muss ihn die ganze Zeit ansehen. Sein Gesicht ist so müde geworden, kaum wiederzuerkennen. Er sieht etwas, was mir verborgen bleibt. Ich wäre gerne nett zu ihm.

Schweigend fahren wir zurück zu ihm nach Hause. Ich will seinen Arm oder seine Hand berühren, um einen unerreichbaren Kontakt wiederherzustellen, vielleicht legt er dann diesen tödlichen Hochmut ab, vielleicht bricht dann etwas in ihm auf, und er wird wieder der Freund, der mich braucht, der mir den Kopf in den Schoß oder auf die Schulter legt.

Ich spüre den rauen Stoff seiner beigen Jacke. Er reagiert nicht auf meine leise Berührung, und sein starres Gesicht lässt nicht die geringste Spur von Sehnsucht erkennen.

Ich kaschiere meine kümmerliche, scheue Bewegung als zufällige Berührung auf dem Weg zu ein paar Haaren, die dringend weggestrichen werden müssen.

Und ich hebe die Hand immer höher, bis an die Schläfe, und betaste meine Stirn mit der machtlosen Geste des Golems.

Von jetzt an warte ich auf den Tag, an dem er wieder anders wird.

12. Dezember:

Ich hoffe, alles renkt sich ein. Vielleicht ist das ja nur ein ganz alberner Streit, teuflisch, aber harmlos, wie ein Kinderstreit.

20. Dezember:

Ich weiß mir keinen Rat mehr mit ihm.

Ich will ihn anrufen. Ich will zu ihm fahren. Ich will ihm schreiben. Aber: Komm mir nicht hinterher, hat er gesagt. Das war, als wir aus Wien zurückgefahren sind.

21. Dezember

Es wird schon alles wieder ins Lot kommen, denke ich. Ich weiß es, ich fühle es, ich bin mir eigentlich sicher. Ich will es.

22. Dezember:

Ich unterhalte mich mit einem Kind aus der Nachbarschaft. Es ist mit dem Fahrrad durch den Schnee hergekommen.

In der Schule glauben wir an Gott und an den Himmel und an Engel, sagt es. Und du?

Ja, ich auch, sage ich.

Was, echt?, fragt es.

Gefunden im Januar:

Der Einzige, der mich noch versteht, ist der Hund.

Mich an Ort und Zeit gewöhnen.
Die Geste selber ist bekannt, alltäglich.
Stilprobleme gibt es keine: *Man kann nicht mit Stil enden.*

Werde ich den eigenen Tod bestimmen dürfen? (»jener eigne Tod, der uns so nötig hat« – Rilke, *Requiem für Graf Wolf*)

Es wird sich anfühlen wie langsam betrunken werden, träge einschlafen.
Das Auto

Der Segen der Technik.

Diesmal ist es kein Spiel.

Ich *bin* innerlich längst tot – alle Kreativität, alle Inspiration: †
An einem der kommenden Tage wird es sich folgendermaßen abspielen: ein Plastikschlauch am Auspuff. Durch den Wasserablauf unter der Fußmatte ins Auto gelegt.

Keine Fragen in den Augen eines Hundes.

Mein Hund heißt Wolf, seit dem Tag, als er hier ins Haus kam

1 Bellanox – Nach zwanzig Minuten steige ich ins Auto und lasse den Motor an. Friedlich schlafe ich ein. Keine Schmerzen. Keine Unruhe. Friedlich schlafen.

zwei

Nach höchstens einer Stunde: der endgültige Schlaf ...

drei

Ob eine, zwei oder drei Stunden spielt keine Rolle – ich schlafe ja doch – bloß dafür sorgen, dass mich niemand findet ...

Ich habe keine Wahl.

9

Es irrt sich nur,
wer sein Schicksal noch nicht versteht.
Cesare Pavese, *Das Handwerk des Lebens.*
Tagebuch 1935–1950

Es ist zwischen Weihnachten und Neujahr. Er ist allein
zu Hause. Er räumt sein Arbeitszimmer auf. Er packt Bücher und Prospekte von Wien auf den alten Lehnsessel,
zur Gitarre der *Jeux Interdits.*

Er ordnet seinen Schreibtisch, legt *Hamlet* offen hin,
aufgeschlagen beim Vers über Schlafen, Sterben. Legt
ein Wörterbuch offen hin, aufgeschlagen beim Buchstaben A, wo *Auftrag, Auftraggeber, auftragen* aus der
Liste der Wörter hervorstechen werden. Legt Pavese auf
einen Stapel mit unfertigen Essays, Notizen und Prosa-
fragmenten.

Er setzt sich an die Schreibmaschine und tippt Briefe
an Menschen, die ihm lieb sind, an deren Liebe er sich
jetzt wieder erinnert und die ihm unerträglich schmerz-
lich vorkommt. Er greift zum Stapel Schreibmaschinen-

papier, nimmt einen roten Filzstift und schreibt auf das oberste Blatt:

Wie hieß der Hutmacher?

In der Eingangshalle führte eine Treppe nach oben. (Später, in einer anderen Eingangshalle, würde eine Treppe nach unten führen, in einen dunklen, muffigen, nach Schimmel riechenden Gang.) Emaillierte Namensschilder: an allen Türen, die an der Galerie lagen.

Wie hieß der Hutmacher?

Von einem Fenster aus blickten wir auf einen quadratischen Innenhof

und endet abrupt.

Dann lässt er 25 Blätter leer.

Dann schreibt er oben auf das siebenundzwanzigste Blatt:

KOI
NZIDENZ

Dann zeichnet er auf der linken Seite des Blattes eine Gruppe Striche, Punkte. Darunter eine zweite Gruppe. Aus jeder Gruppe löst sich eine schräge Linie. Die beiden Linien laufen in einem Punkt auf der rechten Seite des Blattes zusammen.

Alles, Kdoulička, Coing, Kweepeer, alles, was ich in mir und in dir erfahren habe, ein Aufeinandertreffen der Umstände, alles, was du erlebt hast, sich überlagernde Ereignisse, die in *einem* Punkt münden, zusammenfließen, du das Leben und ich der Tod, alles hat nur *einen* Endpunkt, den Tod.

Er geht ins Schlafzimmer, holt seine alte Cordjeans und den verschlissenen Pullover aus dem Schrank, die er immer für Arbeiten am Haus und im Garten trägt. Er zieht sich um. Er geht die Treppe hinunter in die Kellergarage. Er weiß bereits, dass er kein Loch zu bohren braucht wie die Frau aus Wien. Seltsamerweise hat sein Anglia eine kleine, runde Öffnung in der Bodenplatte, als Wasserablauf, wie es scheint.

Der Staubsaugerschlauch passt genau auf das Auspuffrohr. *Man kann nicht mit Stil enden.* Pavese.

Als Verlängerung nimmt er den Gartenschlauch. Aber der ist zu dick für die Öffnung des Wasserablaufs. Er muss ihn erhitzen, bis er sich verformen lässt. Dann quetscht er ihn in die Öffnung, achtet darauf, dass die Abgase trotzdem ungehindert ins Auto strömen und sich dort verteilen können.

Er geht wieder nach oben, um Kissen zu holen. Legt sie hinten auf die Fußmatte. Er ist nämlich so groß, dass die Rückbank allein nicht reicht, um bequem zu liegen, und selbst so wird er die Beine noch anziehen müssen.

Er ruft den Hund und gibt ihm eine Bellanox. Als Wolf eingeschlafen ist, legt er ihn auf die Rückbank.

Er dreht den Zündschlüssel, zieht den Choke, kurbelt die Fenster ganz hoch, steigt aus, schließt die Tür.

Das Auto füllt sich mit Abgasen. In der Garage ist es kalt, aber seine Kleider sind schweißnass.

Er beobachtet Wolf.

Als sich dunkle Flecken auf dem Polster ausbreiten, weiß er, Wolf ist tot, und nimmt sich vor, noch mal zur Toilette zu gehen.

Er stellt den Motor ab, sieht auf seiner Uhr nach, wie lange es gedauert hat, riecht die Abgase, vermeidet gewissenhaft, sie jetzt schon einzuatmen, und spürt, wie er lebt, sich bewegt, in Atemnot gerät.

Er geht zurück nach oben, weint möglicherweise, schluckt die Schlaftabletten, geht zur Toilette, legt *Suzanne* auf, geht zum Telefon, wählt eine Nummer, denkt, ich habe etwa zwanzig Minuten, bis ich einschlafe, wartet, legt auf, läuft umher, wählt dieselbe Nummer noch mal, wartet.

Es genügt ja ein wenig Mut. Pavese.

(Am nächsten Tag ruft meine Schwester an und fragt: Mit wem hast du gestern zwischen drei und vier so lange telefoniert? Die Leitung war die ganze Zeit belegt.

Ich war nicht da. Ich war den ganzen Nachmittag nicht zu Hause. Wir haben einen Schneespaziergang gemacht.

Die Wintersonne stand schon mittags blutrot am Himmel, und ich konnte mich nicht an ihr sattsehen und war seltsam ergriffen, aber auch ruhig und sogar glücklich, und ich dachte: Ich weiß es doch. Es wird sich schon fügen. Alles wird gut. Ich weiß es. Ich fühle es. Ich will es.)

Legt auf, wählt meine Nummer, lauscht dem fernen Läuten, wartet, denkt vielleicht, dass das von vorneherein klar war.

Je bestimmter und genauer der Schmerz ist, um so mehr schlägt der Instinkt des Lebens um sich, und die Idee des Selbstmords sinkt. Pavese.

(das Läuten muss in den äußersten Winkeln meines Hauses geklungen haben wie Kuhglocken, aber ich reagiere nicht. Ich bin nicht da)

niemand reagiert

Pavese ist auf der letzten Seite der dtv-Ausgabe aufgeschlagen: *Es ist das erste Mal, daß ich von einem noch nicht beendeten Jahr den Abschluß mache.*

An den Rand hat Didier das Datum seines eigenen Endpunktes geschrieben:

27/12/70

Der Mond, das Monat ältert sich. Das zwölfte Mal dann ist es zu Ende.

(Pavese ist an einem Siebenundzwanzigsten aus dem Leben geschieden, und *Der Steppenwolf* ist siebenundzwanzig in der Erstausgabe erschienen. Didier und ich sind einander an einem Siebenundzwanzigsten wiederbegegnet und haben an einem Siebenundzwanzigsten die Wienreise beendet.)

Er muss nach unten.

Über die Galerie, INRI, in Salzburg im Haus des Hutmachers, sein Name fing mit einem D an, in einen dunklen, muffigen, nach Schimmel riechenden Gang, Wien, der Keller im Haus mit dem Mohngarten. Willst du meine Schwester sein?

Was habe ich zustande gebracht? Nichts. Pavese.

Er geht die Treppe hinunter.
   Ich will mit dir auf die Reise gehen. Ich will blind mit dir auf die Reise gehen.

Es schien leicht, wenn man daran dachte.
   Eine Geste.
   Und doch haben es kleine Frauen getan. Es braucht Demut, nicht Stolz. Pavese

Ist ihm von den Schlaftabletten schon schwindelig?

Er dreht den Zündschlüssel.

Kdoulička, lies, bete das Gebet um ein gutes Ende.

Kdoulička, hilf mir.

Nicht Worte. Eine Geste. Ich werde nicht mehr schreiben.
Pavese.

Er zieht den Choke. Er steigt aus. Er schließt die Tür. Er setzt sich auf die Rückbank. Zieht die Tür zu: Anna wird mich finden. Er legt sich hin, den Kopf auf den Kissenstapel.

Was ist mit dem Manne? Mit dem Menschen?

Wolf liegt in seinem Rücken, das geliebte Wesen in seiner Nähe, tot, aber noch nicht ganz kalt.

Er hat kaum Platz. Er ist so groß. Er kauert sich auf die Rückbank, legt einen Fuß auf die Matte, die neben dem Wasserablauf liegt. Sacht und langsam fällt Schnee auf die Hügel, dann mehr und immer mehr. Er schläft ein. Es ist weit nach drei, die Heldenstunde, die Christus-Stunde ist vorbei.

Um mein Haus ist die Heide weiß, die Steppe. Hermine, gibt es Wölfe bei dir in der Steppe? Aber du rettest mich. Rettest du mich? *Und Ersticken ist ein harter Tod. Ist das dein Schicksal,* Bruderherz?

Jetzt ist Ersticken kein harter Tod mehr. Er schläft.

Um fünf Uhr klingelt das Telefon. Anna schreit und weint.

Nein, sage ich, nein.

Er ist tot.

Er wird im Tal der Vlierbeek-Abtei begraben werden, bei der weißen Kirche mit dem Kuppelturm, die aussieht wie aus Österreich hier angeweht.

Ein bemerkenswertes Debüt

Wout Vlaeminck

Als Ingrid Symons, Lektorin beim Verlag *Standaard*, 1975 das Manuskript von *Lehre mich zu leben* auf den Schreibtisch bekommt, ist sie sofort hellauf begeistert. Sie hofft, den Roman so schnell wie möglich publizieren zu können, und das gelingt ihr auch. Noch im selben Jahr liegt das Debüt von Loekie Zvonik in den Buchhandlungen. Sowohl in Flandern als auch in den Niederlanden wird der Roman ausgesprochen positiv aufgenommen und im darauffolgenden Jahr mit dem heiß begehrten *Debuutprijs* gekürt. Sogar eine Verfilmung durch den gefeierten Regisseur Roland Verhavert ist kurzzeitig im Gespräch.

Das Buch wird – erst recht gemessen an den Maßstäben eines Debüts – zum Erfolg, erlebt eine Nachauflage nach der anderen. Die letzte erscheint 1994, aber da ist die Autorin schon seit einem Jahrzehnt von der Bildfläche verschwunden, ebenso plötzlich wie sie erschienen war. Eine bewusste Entscheidung. Nach drei Romanen und einer Handvoll Erzählungen zieht sie sich aus dem literarischen Leben zurück. Und ihr Bedürfnis nach Anonymität scheint befriedigt zu werden. Trotz der stabilen Verkaufszahlen vergessen die Leser sie schnell. Auf die Bewunderung der Kritiker, bei denen sie einen bleibenden Eindruck hinterlassen hat, kann sie aber weiterhin bauen. Als Loekie Zvonik im Jahr 2000 stirbt, schreibt *De Morgen*: »Nicht nur als Biografie von Dirk de Witte, sondern auch als Autobiografie von Loekie Zvonik verdient *Lehre mich zu leben* neu gelesen und neu gewürdigt zu werden.«

Bleibt die Frage, heute mehr denn je: Wer war diese zurückhaltende Koryphäe, die wie aus dem Nichts am literarischen Firmament erschien und sich nach einer Blitzkarriere dem öffentlichen Blick wieder entzog?

Loekie Zvonik ist das Pseudonym von Hermine Marie Louise Zvonicek, Tochter einer belgischen Mutter und eines tschechischen Vaters. Sie wird am 17. Januar 1935 in Gent geboren, aber Prag, die Heimatstadt ihres Vaters, betrachtet sie ihr Leben lang als verlorenes Paradies – Heimweh und die Suche nach der eigenen Identität sind wiederkehrende Motive in ihrem insgesamt wenig umfangreichen Oeuvre. Nach ihrem Schulabschluss in Sint-Niklaas studiert sie Deutsche Philologie an der Universität von Gent. Dort nimmt der berühmte Kafka-Experte Herman Uyttersprot sie unter seine Fittiche.

Auch der erste flüchtige Kontakt mit Dirk de Witte, einem melancholischen aber engagierten Kommilitonen mit literarischem Talent, datiert aus dieser Zeit. In Zvoniks Roman wird schnell klar, dass de Witte ein »Frühvollendeter« ist, ebenso wie manch einer der Schriftsteller, die Professor Uyttersprot in seinen Vorlesungen ausführlich behandelt. Gent wird als dekadente, schwermütige Stadt beschrieben und dient als grauer, aber fruchtbarer Nährboden für de Wittes Pessimismus. In poetischen Bildern zeichnet Zvonik die beklemmende, unheilvolle Atmosphäre nach, die wie ein Schleier über der Arteveldestadt liegt. Das ist die Kulisse, in der Zvonik sich anfangs zu de Witte hingezogen fühlt. Als ihr aber klar wird, dass eine Beziehung zu ihm darauf hinauslaufen würde, *nach seinem Bilde und traurigem Gleichnis* leben zu müssen, steigt sie aus. Zumindest für den Moment.

Viele Jahre später, beide sind inzwischen verheiratet und arbeiten als Lehrer, begegnen sich de Witte und Zvonik wieder. Es ist der 27. September 1970, und gemeinsam fahren sie zu einem Kongress nach Wien. Während der vierzehntägigen Reise entwickelt sich eine intime Liebesbeziehung, von der Zvonik sich gerne einreden würde, es handele sich nur um etwas Vorübergehendes. Für sie ist ihr Verhältnis zu de Witte ein unschuldiges Spiel unter Erwachsenen. Aber de Witte erlebt das nicht so, ganz im Gegenteil. Zurück in Belgien, wird er immer fordernder: Er verlangt das Unmögliche von Zvonik, nämlich dass sie ihn vor einem tragischen Tod bewahrt. Genau wie Hermine im *Steppenwolf* von Hermann Hesse.

De Witte leidet unter einem ausgeprägten Hang zur Schwermut. Die Maximen des Existenzialismus der 60er Jahre machen ihm zu schaffen: Die menschliche Existenz wird als absolute Freiheit definiert, das Individuum trägt die volle Verantwortung für das Gelingen oder Scheitern des eigenen Lebens. Obwohl er mit zwei Erzählbänden und einem Roman durchaus einigen Erfolg verbuchen kann, hat de Witte nach seinen persönlichen Maßstäben versagt. Er zweifelt grundlegend an sich selbst und an seinem schriftstellerischen Tun. Am Ende sieht er keinen anderen Ausweg mehr als den Selbstmord: Am 27. Dezember 1970 bereitet er seinem Leben mithilfe von Autoabgasen ein Ende.

Zvonik bleibt fassungslos zurück. Nicht zuletzt, weil sie findet, sie habe sich zu passiv verhalten. Auch einige Freunde und Bekannte werfen ihr vor, nicht genug getan zu haben, um de Witte auf andere Gedanken zu bringen. In gewissem Maß scheint sie diese Kritik als berechtigt zu empfinden. Sie kann sich seinen Tod nicht verzeihen, ist aber gleichzeitig davon überzeugt, dass es für de Witte keinen anderen Ausweg gab. Vollkommen verstrickt in den Schicksalsmythos, den er sich selbst geschaffen hatte, konnte er am Ende weder vor noch zurück.

Grenzenlose Verwunderung

»Dieses Buch«, sagt Zvonik bei Erscheinen ihres Debüts, »ist zu allererst aus grenzenloser Verwunderung entstanden, danach kam das Entsetzen.« Vor allem aber will sie, aus Respekt und Zuneigung, die Person Dirk de Witte nicht sang- und klanglos untergehen lassen. Zvonik glaubt explizit nicht an eine therapeutische Wirkung von Literatur; sie will sich nicht »freischreiben«. Sie schreibt, um zu erinnern. »Denn vergessen bedeutet ärmer werden.«

Zwischen 1971 und 1972 verbringt Zvonik einige Monate in Kapstadt in Südafrika. Dort schreibt sie die erste Fassung ihres Debütromans, der da noch *Kleine Frauen haben es getan* heißt, in Anspielung auf einen Satz aus Cesare Paveses Tagebuch *Handwerk des Lebens*, das Dirk de Witte rauf und runter gelesen hat. Doch diese Version ist ihr zu sentimental; eine zweite Fassung findet sie wiederum »viel zu unterkühlt«. In dem Manuskript, das sie dann Ingrid Symons zuschickt, hat sie offensichtlich den richtigen Ton getroffen.

Nach Erscheinen ihres Debüts wird Zvonik mit Lob überschüttet, und das Buch erhält auf der Buchmesse von Antwerpen den begehrten *Debuutprijs* für das beste Debüt des Jahres 1975. Zwölf Monate nach der Publikation erscheinen noch immer lobende Rezensionen in führenden

Zeitungen und Literaturzeitschriften. Es folgen Interviews für Zeitung und Fernsehen. »Ein großartiges Debüt«, heißt es. »Ein Roman auf internationalem Niveau.«

Nur der Rezensent Georges Adé hält nicht allzu viel von dem Text: Er wirft Zvonik vor, sie wolle vor allem ihre Belesenheit zur Schau stellen. Aber tut man die vielen literarischen Verweise und Zitate als bloße Spielerei ab, verpasst man, worum es wirklich geht. Zvonik berichtet, vollkommen authentisch, von ihrem Verhältnis zu einem Mann, der nur noch innerhalb der Grenzen von Literatur existierte. Sie reiht Zitat an Zitat, Anspielung an Anspielung, um de Witte Kontur zu verleihen. Er war vom Selbstmordgedanken so besessen, dass er nur noch Tagebücher, Briefe und Romane von Schriftstellern las, die Hand an sich gelegt hatten.

In Gesprächen mit Freunden und Kollegen kannte de Witte kein anderes Thema mehr als den Selbstmord in der Literatur. Er wurde zu einer Imitation literarischer Selbstmörder wie Heinrich von Kleist, Cesare Pavese und Stig Dagerman, die er in seinen Werken erwähnte und bei Unterhaltungen zitierte, wann immer sich die Gelegenheit dazu bot. Ohne die Literatur bliebe vom Menschen Dirk de Witte nichts übrig.

Als das Buch 1975 erschien, war den meisten Lesern im niederländischen Sprachraum sofort klar, dass es sich bei dem im Roman porträtierten Didier eigentlich um den

Schriftsteller Dirk de Witte handelte. Als nicht mal ein Jahr nach dessen Tod auch seine Frau Anneke Hoegaerts Selbstmord beging, löste das eine zweite Welle der Erschütterung aus. Natürlich hat der autobiografische Hintergrund zum Erfolg des Buches beigetragen – im tiefsten Innern sind und bleiben Leser doch Voyeure –, aber liest man ihr Debüt, merkt man sehr schnell, dass es sich um ein Werk von außergewöhnlicher literarischer Qualität handelt.

In klarem, elegantem Stil legt Zvonik die Verletzungen frei, die zwei Liebende sich in ihrer Verzweiflung gegenseitig beibringen. Die assoziative Montagetechnik, das Spielen mit Parallelstrukturen und das Verknüpfen scheinbar unwichtiger Details zu einem kraftvollen Ganzen, sind neu, und die Ereignisse, die *Lehre mich zu leben* zugrunde liegen, außergewöhnlich. Als erste Autorin der niederländischsprachigen Literatur lenkt Zvonik außerdem das Augenmerk auf Osteuropa. Sie wird allenthalben gefeiert und gilt als eine der wichtigsten Autorinnen ihrer Generation.

Dennoch publiziert sie nach ihrem Debüt nur noch zwei weitere Bücher. 1979 erscheint *Duizend jaar Thomas* (Tausend Jahre Thomas), das mit dem *Yang-Preis* und dem *Mathias Kempprijs* ausgezeichnet wird, 1983 folgt *De eerbied en de angst van Uri en Ima Bosch* (Ehrfurcht und Angst von Uri und Ima Bosch). Beide Bücher werden von

Publikum und Kritik wohlwollend aufgenommen, reichen aber nicht an den Erfolg von *Lehre mich zu leben* heran. 1984 veröffentlichte das *Topics Magazine,* mehr oder weniger unbeachtet, die Erzählung *De kleine deegtrog op onze Westkust* (Der kleine Backtrog bei uns an der Westküste), und in *Roepen om de dag* (Den Tag erflehen), einer Anthologie von *Amnesty International*, erscheint ein Gedicht von ihr, aber danach wird es still um Loekie Zvonik.

Heimweh und Zweifel

Auch wenn es für sie nie Anlass gab, ihren Erfolg als Schriftstellerin infrage zu stellen, zog Loekie Zvonik es vor, schlichtweg zu *leben.* Trotz aller Zweifel und allen Heimwehs, das sie in sich trug, wollte sie lieben und glücklich sein, wenn auch im Bewusstsein, dass Glück zerbrechlich ist und sich von einem Augenblick zum nächsten in Nichts auflösen kann. Schon bei Erscheinen ihres Debüts äußerte Zvonik Zweifel an der Wichtigkeit ihrer schriftstellerischen Arbeit. »In jedem Leben passieren wichtige Dinge, etwas bekommt nicht erst dadurch Bedeutung, dass es zu Literatur verarbeitet wird«, sagt sie. »Schreiben ist für mich keine Frage von Leben und Tod. Und wenn ich nicht mehr schreibe, bleibt mir als Trost, dass viele Dinge mir etwas bedeuten, die für mich zu etwas geworden sind, was ich, so oder so, nicht mehr verlieren will.«

Zvonik zieht sich in ihr Holz-Chalet auf der limburgischen Heide in Heusden-Zolder zurück, wo sie sich ihrer Familie und ihrem Beruf als Lehrerin widmet. Journalist*innen und Studierende, die sie wegen ihrer Abschlussarbeiten kontaktieren, werden ohne Umschweife abgewimmelt. Von der Schriftstellerin gibt es im Laufe der Jahre kaum noch ein Lebenszeichen.

Gegen Ende der 90er kommt allerdings der plötzliche Drang in ihr auf, noch einmal etwas zu schreiben, inspiriert durch ihren Aufenthalt in Südafrika, 25 Jahre zuvor, aber über die Planungsphase kommt Zvonik nicht hinaus. Gesundheitlich geht es ihr da bereits seit einiger Zeit schlecht. Sie kämpft mit Frühdemenz in fortgeschrittenem Stadium und stirbt am 10. August 2000, mit 65 Jahren, im Sint-Salvatorssanatorium in Hasselt.

Loekie Zvonik war keine Vielschreiberin, wohl aber eine besonders talentierte Schriftstellerin. Mehr als vierzig Jahre nach der Erstveröffentlichung hat *Lehre mich zu leben* nichts an literarischer Qualität und Dringlichkeit eingebüßt. Ihre Bücher sind heute sogar besonders aktuell. Zvoniks genaue und feinfühlige Erzählweise, mit der sie über den modernen Menschen und seine Ängste, Zweifel und Fragen, über Liebe, Einsamkeit, Heimweh, Tod und Trauer schreibt, wird mit Sicherheit auch bei der neuen Lesergeneration auf Liebhaber stoßen. Außerdem könnte eine Neuentdeckung ihres Oeuvres dazu beitragen, dass andere Schriftsteller ebenfalls wiederentdeckt werden. Allen voran natürlich Dirk de Witte. Aber auch Cesare Pavese, Stig Dagerman und die »Prager Autoren«, auf deren Werk sie in ihren Büchern ausgiebig verweist.

Wout Vlaeminck (Gent, 1989) studierte Kunst in Gent und arbeitet heute als Literaturkritiker für verschiedene Zeitschriften wie *Zacht Lawijd* und *De lage landen*. Er ist Begründer des literarisch-feministischen Kollektivs *Kraak de canon,* das sich für mehr Sichtbarkeit von Frauen in der literarischen Welt und deren Aufnahme in den literarischen Kanon einsetzt. Seiner Initiative ist es zu verdanken, dass Loekie Zvoniks Roman in Belgien und den Niederlanden (unter dem Titel *Hoe heette de hoeden-maker?*) 2018 neu aufgelegt wurde. Noch immer widmet er sich mit literarischem Spürsinn, Kenntnisreichtum und Herzblut dem (Wieder-)Entdecken junger Debütan-tinnen und seit Jahrzehnten vergessener Schriftstellerin-nen (und manchmal auch Schriftsteller).

Literaturverzeichnis

Cesare Pavese: *Das Handwerk des Lebens. Tagebuch 1935–1950.*
Ins Deutsche übertragen von Charlotte Birnbaum. Claassen,
Hamburg, 1956.

Leo Navratil: *Schizophrenie und Sprache. Zur Psychologie der
Dichtung.* Dtv, München, 1966.

Die Übersetzungen der Gedichtzeilen von J. H. Leopold auf S. 47
und des Gedichts von Gerrit Achterberg auf S. 123 stammen
von Ruth Löbner.

Eva Meijer

Vorwärts

Roman

256 Seiten, ISBN 978-3-442-77328-2
Aus dem Niederländischen von Hanni Ehlers

**Ein facettenreicher Roman über die Möglichkeiten
des freien Lebens**

Eine Gruppe von Freunden verlässt in den 1920er-Jahren Paris,
um eine Kommune auf dem Land zu gründen. Sie möchten
im Einklang mit der Natur leben, gleichberechtigt, vegetarisch,
von Naturismus und Anarchismus beflügelt.
Ein Jahrhundert später erfährt die Philosophiestudentin
Sam von der damaligen Gemeinschaft und ruft ein ähnliches
Projekt auf einem Bauernhof in Friesland ins Leben. Doch
die hohen idealistischen Ansprüche werden schnell von der
Wirklichkeit eingeholt.

»Ein lebenskluger, psychologisch fein nuancierter Roman, der
vor allem durch seine sinnliche Naturpoesie bezaubert.«
WDR3

btb

Eva Meijer

Die Grenzen meiner Sprache

Kleine philosophische Untersuchung zur Depression

144 Seiten, ISBN 978-3-442-77228-5
Aus dem Niederländischen von Hanni Ehlers

Über die heilende Kraft der Sprache, des Laufens, der Kunst
und der Begegnung mit Hunden und Katzen

Depression gilt in vielen Ländern als neue Volkskrankheit. Die
Philosophin Eva Meijer erzählt von ihrer eigenen Erfahrung
mit Depression und kommt dabei zu erstaunlichen neuen
Erkenntnissen. Mit den Mitteln der Philosophie, mit Verweisen
auf Wittgenstein, Camus und Foucault untersucht sie das
Phänomen, nimmt der Depression den Schrecken und zeigt,
wie die Beziehung zwischen Individuum und Welt auf vielfältige
Weise wiederhergestellt werden kann und was das Leben
lebenswert macht.

»Eva Meijer gelingt es bei diesem Thema meisterhaft,
alle Allgemeinplätze zu vermeiden. Damit zeigt sie – der
Titelformulierung zum Trotz –, wozu Sprache fähig ist.«
Trouw

btb